현직 역사 교사들이 '제대로' 쓴 알차고 재미있는 한국사!

머리 아프게 공부해야 하는 역사가 아닌, 즐기면서 푹 빠져 읽을 수 있는 역사책. 풍부한 사료를 씨줄과 날줄로 삼아 옛사람들의 삶을 생생하게 되살려 낸 점이 돋보인다. 아이들이 진실한 이야기의 속맛을 느끼며, 역사 속으로 빠져들기를 기대한다.
— **김태웅** 서울대학교 역사교육과 교수

아이들의 독서 습관을 잘 아는 선생님들이 '제대로 된' 역사책을 펴냈다. 참 쉽다. 그러면서도 왜 역사가 우리의 삶과 성장에 필요한지를 몸소 느끼고 체험할 수 있게 써 놓았다. 《제대로 한국사》와 함께 우리 역사를 마음껏 탐구해 보자. 두둥두둥~ 자, 출발!
— **장용준** 함평고등학교 교장

아이들이 읽을 역사책은 무엇보다도 내용이 아이들에게 딱 맞는 제대로 된 것이어야 한다. 학교 현장에서 '살아 있는 역사 교육'을 실천해 온 전국역사교사모임 선생님들이 가꾼 한국사 텃밭이라면 우리 아이들이 '제대로 자랄 수 있는' 놀이터이자 우리 역사를 '제대로 느낄 수 있는' 배움터로 충분할 것이다.
— **전병철** 공주생명과학고등학교 교사

역사는 이야기다. 사람들이 있고, 사람들이 한 일이 있고, 그 사이 시간이 흘러간다. 《제대로 한국사》는 지금껏 이 땅에 살았던 사람들의 삶을 끊어지지 않는 이야기로 이어 놓았다. 누구든지 제 삶을 거짓 없이 돌아볼 수 있어야 앞날을 희망으로 그릴 수 있다. 이 책을 읽는 아이들이 만들어 갈 세상이 희망적인 까닭이다.
— **김강수** 수동초등학교 교사, 전국초등국어교과모임 회장

왕이나 위인들만의 역사가 아닌 보통 사람들의 이야기도 담겨 있는 역사책. 역사에 등장하는 인물들의 마음과 생각을 이해할 수 있으며, 초등 역사에서 꼭 알아야 하는 인물사, 생활사, 문화사 등 한국사를 '제대로' 담고 있다. 재미있으면서 가볍지 않고, 진지하면서도 무겁지 않다.
— **문재경** 부산효림초등학교 교사, 전국초등사회교과모임 공동 대표

우리 역사의 큰 흐름을 재미있는 내러티브로 이어 가고 있는 책이다. 관점은 믿음직하고 이야기는 유려하며 내용은 알차다. 아이들에게 권할 만한 '제대로 된 이야기 한국사' 책이 나와 반갑다. 내 아이에게 꼭 읽히고 싶다.
— **이성호** 서울배명중학교 교사, 역사교육연구소 어린이분과 연구원

아이들은 역사에서 오늘을 사는 우리의 삶을 비판적으로 읽어 낼 수 있어야 한다. 왕과 영웅의 역사 이야기 속에서도 언제나 약자였던 백성의 힘을 통찰할 수 있는 눈을 가져야 한다. 이 책은 교과서가 빠뜨린 '역사를 바르게 보는 눈'을 아이들에게 제공한다.
— **박진환** 논산내동초등학교 교사

'읽는 재미'와 '감동'을 선사하는 《제대로 한국사》는 교과서의 보조 교재로 사용하고 싶을 정도로 역사 고증에 충실하다. 이 책을 읽은 아이들은 역사는 암기가 아니라 그 시대를 살아간 사람들이 만들어 간 이야기이고, 역사를 배우는 의미는 깊이 있는 통찰력을 얻기 위해서라는 사실을 자연스럽게 깨닫게 될 것이다.
— **이어라** 의정부여자고등학교 교사

어릴 때 누구나 한번쯤 가져 봤던 궁금증. 내 아버지의 아버지, 아버지의 아버지는 어떤 사람이었을까? 내 어머니의 어머니, 어머니의 어머니는 어떻게 살았을까? 그 질문에 대한 가장 정성스럽고 현명한 답이 들어 있는 책. 박물관의 유물로만 여겨지던 역사를 살아 숨쉬는 사람의 이야기로 들려주는 책이다.
— **김선정** 남양주월문초등학교 교사

시간의 흐름을 놓치지 않고 우리 역사의 시작부터 지금에 이르기까지를 다룬 《제대로 한국사》는 '살아 있는 이야기'로 다가온다. 이 책을 만나는 사람 모두가 지나온 길을 돌아보는 용기와 앞길을 내다보는 웃음을 얻을 것이라 믿는다.
— **윤승용** 남한산초등학교 교사

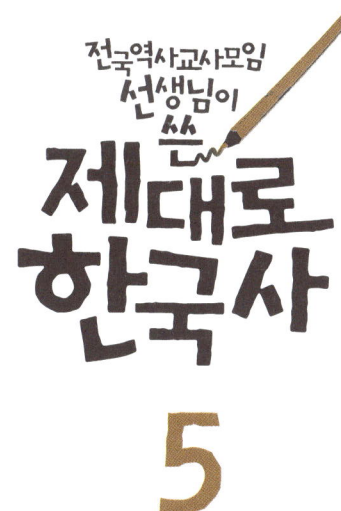

전국역사교사모임
선생님이
쓴
제대로 한국사 5

새 나라 조선을 세우다

전국역사교사모임 지음

초대하는 글

역사책을 읽으며 웃고 우는 너희를 보고 싶다

《제대로 한국사》를 막 펼쳐 든 아이들아! 이 책은 우리나라 역사에 대해 쓴 책이란다. 이 책을 쓴 우리는 모두 학교에서 역사를 가르치는 선생님 이면서, 너희 같은 아들딸을 둔 부모이기도 해. 너희는 '역사', '역사책'이 라고 하면 어떤 생각이 떠오르니?

민경 아, 또 역사책이에요? 엄마가 들이미는 역사책은 재미없고 지루한 데……. 나는 '해리 포터' 시리즈 같은 소설책이 좋아요. 한번 읽기 시작하면 점점 빠져들고, 뒷이야기가 궁금해서 견딜 수가 없거든 요. 수많은 사람의 삶에 대한 이야기를 읽고 나면 감동도 밀려와요. 하지만 역사책은 별로 재미도 없고 감동도 주지 않으면서 괜히 폼만 잡아요. "이것도 알아야 한다.", "저것도 중요하다."라며 외워야 할 것만 죽 늘어놓고 있어요.

역사가 재미없다고? 그래 맞아. 너희가 그렇게 생각하는 것도 무리는 아니지. 역사 속 수많은 사람의 사는 이야기 대신 이름만 남고, 무슨 뜻인지도 모르고 외워야 할 제도만 남은 역사책은 재미없는 게 당연하단다. 하지만 역사야말로 수많은 사람이 얽히고설키면서 만들어 간 가장 웅장하고 아름다운 이야기, 가장 극적인 울트라 수퍼 드라마란다.

우리는 옛사람들의 삶과 이야기가 묻어나는 살아 있는 역사를 들려주고 싶었단다. 딱딱한 제도와 이름에 숨결을 불어넣어서 너희와 생생하게 만나게 하고 싶었어. 그래서 우리는 옛사람들이 남긴 책과 유물, 유적, 다양한 흔적 등을 열심히 살펴보았단다. 이러한 것들을 '사료'라고 하지. 옛사람들의 숨결과 생각이 담긴 사료들은 아주 생동감 있고 진실한 이야기로 다시 태어나서 너희에게 그 시대 사람들의 삶을 실감 나게 보여 줄 거야.

형주 나는 역사책을 좋아해요. 역사책을 읽으면 새롭게 배우는 게 많거든요. 최초의 근대적 조약은 강화도 조약이고, 최초의 근대적 병원이 광혜원이라는 것도 알아요. 대단하죠? 그런데 도대체 '근대적'이라는 말이 무슨 뜻이에요?

형주는 아는 것이 정말 많구나! 그런데 역사 공부는 퀴즈 대회를 준비하는 것과는 다르단다. 역사를 좋아하고 역사책을 많이 읽었다고는 하지만, 역사라는 커다란 그림을 보지 못하는 친구들도 많단다. 길을 갈 때 보도블록의 모양을 자세히 들여다보느라고 내가 어디로 가고 있는지 보지 못하는 경우처럼 말이야.

   시간의 흐름을 칼로 자를 수 없듯이 역사도 계속 이어진단다. 한 사건은 다른 사건을 낳고, 그 사건은 또 다른 사건으로 이어지고……. 눈에 보이지 않는 작은 변화들이 모여서 어느덧 완전히 다른 모습의 사회가 만들어지기도 했단다. 그 속에서 사람들이 어려움을 이겨 내기도 하고, 길이 기억될 만한 멋진 문화유산을 남기기도 했지. 이렇게 큰 그림을 보듯 역사를 만나면, 어느덧 사회를 읽는 눈과 사람을 보는 눈을 키울 수 있단다.

우형   우리나라 역사는 갑갑해서 싫어요. 피라미드나 베르사유 궁전처럼 크고 화려한 유적도 없고, 땅덩이도 좁고, 맨날 다른 나라한테 얻어터지기나 하고. 우리나라 역사를 읽으면 우울해져요. 우리가 일본보다 먼저 서양 문물을 받아들였다면, 일본의 식민지가 되지도 않았을 테고, 만주 땅도 다 우리 땅이 되었을 텐데 말이죠.

   우리가 힘이 세서 다른 나라에 쳐들어갔다면 자랑스러운 역사일까? 자랑스러운 역사, 빛나는 역사는 땅덩어리의 크기나 전쟁의 승리로 정해지는 것이 아니란다. 《제대로 한국사》를 읽다 보면, 우리나라 사람들이 얼마나 열심히 씩씩하게 살아왔는지를 알게 될 거야. 끊임없는 전쟁 속에서도 굳건히 가꾸어 온 희망, 온갖 위기와 역경을 헤쳐 나온 지혜, 좌절을 딛고 일어선 용기를 배울 수 있을 거야. 그러면서 너희는 분명 우리나라 역사를 사랑하게 될 거야.

너희가 만들어 갈 세상은 우리가 살아온 지난날보다 더 나은 모습이기를 바란다. 미래를 만들어 가는 데 과거를 돌아보는 것만큼 도움이 되는 것도 없지. 우리는《제대로 한국사》가 너희에게 그런 도움을 주었으면 하고 간절히 바란단다.

지금부터 우리 조상들이 살아온 5000년의 이야기, 꿈을 꾼 사람들, 희망을 노래한 사람들, 성공한 사람들과 좌절한 사람들, 실패한 듯 보였지만 역사 속에서 살아난 사람들의 이야기를 들려줄게. 그 속에서 너희가 주인공이 될 멋진 미래를 꿈꾸어 보렴.

2015년 10월
글쓴이들

차례

초대하는 글 • 4

1 새로운 나라 조선

조선의 새 아침 • 12
태종, 새 나라의 기틀을 다지다 • 28
세종, 어진 정치를 펼치다 • 42
문화재를 찾아서 성문 이름에도 유교의 가르침을 담아 • 74

2 유교 국가의 틀을 갖추다

용상의 주인이 바뀌다 • 78
백성이 편안한 나라를 향해 • 84
성종, 태평성대를 열다 • 100
세계 속의 한국 《칠정산》을 만든 조선의 힘 • 122

제대로 한국사 5

3 조선 시대 사람들은 어떻게 살았을까

어진 국왕 어진 수령 • 126
농민은 나라의 근본 • 132
사람 아닌 사람, 노비 • 140
만약에 민본 정치를 펼친 세종 • 150

연표 • 152
사진 자료 제공 • 155
찾아보기 • 156

1390년
- **1392년** 고려 멸망, 조선 건국
- **1394년** 정도전, 《조선경국전》 편찬
- **1395년** 경복궁 완성

1400년
- **1400년** 2차 왕자의 난
- **1401년** 태종, 신문고 설치
- **1402년** 〈혼일강리역대국도지도〉 완성

새로운 나라 조선

1

1420년
- **1420년** 집현전 설치
- **1429년** 정초, 《농사직설》 편찬

1440년
- **1437년** 4군 6진 설치 완성
- **1441년** 측우기 제작
- **1446년** 훈민정음 반포

1410년
- **1413년** 호패법 실시
- **1418년** 세종 즉위
- **1419년** 이종무, 쓰시마 섬 정벌

조선의 새 아침

조선의 건국

고려의 운명이 내리막길을 걷던 어느 날, 공양왕은 홀로 궁궐 뒤뜰을 거닐고 있었다.

'정녕 고려는 이대로 무너지고 마는 것인가?'

공양왕의 마음은 무거웠다. 왕은 이름뿐이었고 힘없는 허수아비와 다를 바 없었다. 공양왕은 이성계의 무서운 눈빛에 눌려 결국 쫓겨난 우왕과 창왕에게 사약을 내려보내라는 명령을 내리고 말았다. 자신을 왕좌에 밀어 올린 이성계와 그를 따르는 무리의 손에 공양왕 자신과 고려의 운명이 달려 있었다.

"부패하고 무능한 고려는 더 이상 백성들을 위한 나라가 아닙니다! 새로운 나라를 열어야 합니다."

이성계의 편에 선 사람들은 새 나라를 열어야 한다고 목소리를 높였다.

"우리는 고려의 신하인데, 어찌 나라를 바꿀 수 있단 말이오. 잘못된 제도는 고치면 되지 않겠소?"

정몽주를 따르는 사람들은 500년을 이어 온 고려 왕조를 지켜 내려고 안간힘을 썼다.

"이성계를 따르는 무리를 조정에서 쫓아내십시오. 그래야 고려가 살 수 있습니다."

드디어 공양왕이 기다리던 기회가 왔다. 이성계가 개경에서 멀리 떨어진 곳으로 사냥을 나갔다가 말에서 떨어져 허리를 크게 다치는 바람에 벽란도에서 꼼짝을 못 하고 있었다. 공양왕은 이 틈을 타 정도전, 조준, 남은 등 이성계 무리를 모두 먼 곳으로 유배 보냈다.

이 소식을 들은 이성계는 깜짝 놀랐다.

'뭐라고? 내 두 팔과 같은 사람들을 쫓아내다니……. 빨리 개경으로 돌아가야겠다.'

이성계는 다섯째 아들 방원의 도움을 받아 가마를 타고 밤을 새워 개경으로 몰래 돌아왔다. 방원은 곰곰이 생각했다.

'아무래도 안 되겠어. 정몽주의 마음을 돌려야지. 정몽주를 우리 편에 서도록 해야겠는데……. 만약 거절하면 그때는 어쩔 수 없지.'

며칠 뒤 이방원은 정몽주를 자신의 집으로 초대했다. 정몽주도 이성계 쪽 분위기를 살피려고 초대에 응했다. 두 사람 앞에 술상이 차려졌다. 두 사람은 서로를 바라보았다. 방원이 먼저 말을 꺼냈다.

"포은공, 참으로 오랜만이오. 공을 만나고 보니 시조 한 수로 내 마음을 전하고 싶소."

이런들 어떠하리, 저런들 어떠하리
만수산 드렁칡이 얽혀진들 어떠하리
우리도 이같이 얽혀서 백 년까지 누리리라.

내 편 네 편 가리지 말고 함께 새 왕조를 열어 영화를 누리자는 뜻이었다. 정몽주가 입가에 엷은 미소를 머금었다.
"나도 시조로 답을 하리다."

선죽교
황해북도 개성시 선죽동 자남산 동쪽 기슭의
작은 개울에 있는 고려 시대의 돌다리이다.
그림은 《삼강행실도》 중 정몽주가
선죽교에서 죽임을 당하는 장면이다.

이 몸이 죽고 죽어 일백 번 고쳐 죽어

백골이 진토 되어 넋이라도 있고 없고

임 향한 일편단심이야 가실 줄이 있으랴.

목숨을 내놓는다고 할지언정 절대 고려에 대한 충성을 거둘 수 없다는 뜻이었다. 순간 방원의 표정이 일그러졌다. 방원은 심복 조영규를 은밀히 불러 조용히 무엇인가를 일렀다.

그날 밤, 정몽주는 울적한 마음으로 허위허위 걸어 집으로 돌아가고 있었다. 작은 개울을 건너려고 선지교 위를 지날 때였다. 갑자기 다리 아래쪽에서 시커멓고 커다란 그림자가 튀어 올라왔다. 그러고는 커다란 철퇴로 정몽주를 내리쳤다. 미처 피하지 못한 정몽주는 붉은 피를 뿌리며 다리 위에 쓰러져 숨을 거두었다. 다리 위에 오래도록 남아 있던 붉은 핏자국에서 충절의 상징 대나무가 자랐다고 하여 후세 사람들이 다리 이름을 '선죽교'라고 고쳐 불렀다. 정몽주가 죽자 정도전과 남은, 조준 등은 다시 조정으로 돌아왔다.

몇 달 뒤 고려의 왕도 개경 거리는 아침부터 술렁이는 인파로 북적였다. 정도전, 조준, 배극렴을 비롯한 수십 명이 옥새(임금의 도장)를 들고 이성계의 집으로 몰려가고 있었다. 공양왕이 내어 준 옥새였다. 공양왕은 그날로 강원도 산골로 쫓겨났다.

"그럼, 이성계 장군이 새 임금님이 된다는 거야?"

"허허, 떠돌던 이야기가 헛소문이 아니었네그려."

행렬이 지나간 길에는 점점 더 많은 사람이 구름처럼 모여들었다. 이성계는 몸이 아프다면서 대문을 굳게 닫아걸고 정도전 일행을 집 안에 들이지 않았다. 왕위를 사양한다는 뜻이었다. 정도전 일행은 대문을 밀치고 들어갔다. 그러고는 대청마루에 옥새가 든 상자를 올려놓고 이성계가 나오기를 기다렸다. 길고 긴 여름 해가 서쪽으로 저물어 땅거미가 질 무렵, 드디어 이성계가 모습을 나타냈다.

"장군님, 이제 왕위에 오르셔야 합니다. 부디 이 나라 만백성을 잘 다스려 주십시오."

태조 이성계

조선을 건국한 태조 이성계의 초상화. 이성계는 어려서부터 담대하고 활을 귀신같이 잘 쏘기로 유명했다.

기다렸다는 듯이 모두가 소리를 맞춰 말했다.

"옥새를 받으시고 왕위에 오르시옵소서."

이성계는 몇 번 사양하다가 못 이기는 척하며 옥새를 받아 들었다.

이튿날 아침, 이성계는 수창궁으로 나갔다. 모든 신하가 늘어서서 새로운 왕을 기다리고 있었다. 그런데 이성계는 임금의 자리에 앉지 않았다. 옥좌 옆에 서서 신하들의 인사를 받고 국왕이 되는 즉위식을 조촐하게 치렀다. 축하를 위한 연회도, 떠들썩한 잔치도 없었다. 나라 이름도 그대로 고려였다. 공양왕을 내쫓고 왕위에 오른 일에 대해 백성들의 시선이 곱지 않다는 것을 잘 알고 있었기 때문이다.

비록 낡고 흔들리는 나라였지만 조상 대대로 고려의 백성이었던 사람들은 고려의 왕은 왕(王)씨만 될 수 있다고 생각했다. 여전히 고려 왕실에 충성하려는 신하도 적지 않았다. 이성계가 왕이 되는 것이 의롭지 못하다며 개경 남쪽의 두문동으로 들어가 세상을 등진 신하도 70명이 넘었다.

이성계는 자신이 새로운 나라를 열었음을 알리기 위해 명나라에 사신을 보냈다. 석 달 뒤, 명나라 황제의 사신이 개경에 도착했다. 명나라 사신은 황제의 칙서를 큰 소리로 읽었다. 이성계를 새 나라의 첫 국왕으로 인정한다는 내용이었다.

'명나라가 인정했으니 이제 내 권위에 감히 도전할 자가 누가 있겠는가.'

명나라 사신이 말했다.

"대명나라 황제 폐하께서는 새 나라의 이름이 무엇인지 궁금해 하셨습니다."

조정에서는 새 나라의 이름을 무엇으로 할 것인지 의논했다.

"단군의 조선과 기자의 조선을 이어받아 아름다운 문화를 꽃피울 나라이니 조선이라 부르는 것이 가장 좋을 듯하옵니다."

"아니옵니다. 전하의 고향인 화령을 나라 이름으로 정하셔야 합니다."

의견이 나뉘자 이성계는 다시 명나라에 사신을 보내 조선과 화령 가운데서 황제가 직접 이름을 정해 달라고 청했다. 이듬해 명나라 황제는 답신을 보내왔다.

"나라 이름으로는 유래가 오래된 조선이 좋겠다."

새 나라는 조선이라고 불리게 되었다.

시간이 흐르면서 점차 나라 안 곳곳에 이성계가 훌륭한 인품과 뛰어난 재주를 지닌 사람이라는 이야기가 퍼져 나갔다. 이성계 자신뿐 아니라 그 아버지, 할아버지, 증조할아버지까지 모두 용맹한 장군이었고 백성들을

수창궁 용머리 조각상과 숭인전
이성계가 즉위식을 연 고려 궁궐 수창궁에 있던 돌 조각상(왼쪽)이다. 숭인전(오른쪽)은 기자를 제사 지내려고 만든 사당이다. 이 사당 옆에 단군을 모시는 숭령전이 있다.

어려움에서 구하고자 애썼다는 이야기가 수많은 사람의 입에 오르내렸다. 점차 백성들은 세상을 바로잡기 위해 하늘이 내린 사람이 바로 이성계라고 믿게 되었다.

한양을 새 도읍으로 삼다

"개경은 왕씨들의 나라, 망해 버린 고려의 도읍이다. 나는 새 도읍을 세워 조선이 오래도록 번영하도록 할 것이다."

이성계는 도읍을 새로운 곳으로 옮길 계획을 세우기 시작했다. 대대로 개경에서 살아온 많은 세력가의 반대가 거셌지만 태조 이성계는 뜻을 굽히지 않았다.

이성계는 새 도읍지를 직접 찾아 나섰다. 서운관에서 풍수를 잘 보기로 유명한 관리가 새 도읍지 후보로 올린 곳은 계룡산이었다. 길을 떠나는 태조의 곁에는 절친한 평생 친구 무학 대사가 있었고, 의형제를 맺은 여진족 출신 장수 퉁두란이 행렬을 이끌었다.

"아이고, 이제 개경은 그야말로 끝이로세."

"하는 수 없지 않은가. 망한 나라의 도읍이니 이제 한낱 시골 마을이 되고 말겠네."

개경 사람들은 남이 들을까 봐 조용히 한숨을 지었다.

계룡산 자락에 도착한 태조는 사방을 둘러보았다. 그리고 새 도읍을 건설하라고 명했다. 한창 도읍 공사가 진행되고 있을 때, 경기도 관찰사 하륜이 올린 상소문 한 장이 모든 것을 바꿔 놓았다.

> 한 나라의 도읍은 마땅히 나라의 중앙에 있어야 합니다. 계룡산은 너무 남쪽에 치우쳐 있을 뿐 아니라 산과 물의 조화가 맞지 않아 도읍으로 적절하지 않습니다.

태조는 하륜에게 책임지고 새 도읍이 될 만한 곳을 찾도록 했다. 하륜은 여러 곳을 찾아본 끝에 한강 변에 있는 무악, 지금의 서울 신촌 부근이 도읍으로 적당하다고 아뢰었다.

태조는 직접 무악을 살피고자 길을 떠났다. 도읍만큼은 자신의 눈으로 확인하고 결정하고 싶었다. 태조는 무악 바로 옆에 있는 한양을 찾았다. 한양은 고려 시대에도 남경이라 불릴 만큼 중시되던 곳이었다. 그래서 궁궐 공사를 위한 기초 공사도 웬만큼 되어 있었다.

태조는 한양이 썩 마음에 들었다. 정도전도 한양을 새 도읍으로 삼는 데 찬성했다.

"이곳 한양을 조선의 도읍으로 삼고 한성으로 부르겠다."

이성계는 왕실 가족과 관리들을 모두 이끌고 궁궐도 짓기 전에 새 도읍으로 옮겨 왔다. 그리고 이곳 수령이 업무를 보던 객사 건물을 임시 궁궐로 사용했다.

얼어붙은 날씨가 풀리자마자 새 도읍지 한성부 건설은 일사천리로 진행되었다. 도읍지 건설의 총책임은 정도전이 맡았다. 각 도에서 농민들이 불려 와 공사에 동원되었고, 건물을 짓는 데 필요한 기술을 가진 승려들도 동원되었다. 한성부를 만들어 낸 사람은 무수히 많은 돌을 깎아

〈한성 도성도〉
18세기 중엽에 펴낸 〈여지도〉에 실린 〈한성 도성도〉이다. 산은 밝은 녹색으로 도로는 붉은색으로 나타냈다.

나르고, 아름드리나무를 다듬어 기둥을 세운 이름 없는 백성들이었다.

왕실 조상을 모신 종묘를 짓고, 농경 신께 제사 올릴 사직단도 만들었다. 우람한 궁궐을 세우는가 싶더니 궁궐 앞쪽 너른 길을 따라 관청 건물이 줄지어 올라갔다. 사람들이 살 집과 상점 건물도 짓고 사방으로 널찍한 길도 내어 닦았다. 도성을 둘러싼 성벽을 튼튼하게 쌓고 성벽의 동서남북에 큰 문을, 사이사이에 작은 문을 내어 사람들이 드나들도록 했다.

드디어 새 궁궐이 만천하에 모습을 드러냈다. 짙푸른 북악산 자락을 따라 들어선 전각들은 화려하고도 웅장했다. 태조는 크게 기뻐하며 잔치를 열었다. 태조가 정도전에게 물었다.

"정말 수고가 많았소. 이 궁궐의 이름을 경이 지으면 어떻겠소?"

경복궁 근정전
근정전은 경복궁에서 가장 웅장한 건물이다. '부지런히 나랏일에 힘쓰라.'는 뜻의 근정전에서는 조선 초부터 역대 국왕의 즉위식이나 중요한 국가 의례가 열렸다.

"오래도록 큰 복을 누릴 나라의 궁궐이오니, 경복궁이라 하십시오. 제일 앞에 지어진 가장 큰 건물은 부지런히 나랏일에 힘쓰라는 뜻으로 근정전이라 부르십시오."

근정전 앞은 용이 새겨진 돌로 장식하고 신하들이 맞춰 설 수 있도록 품계석을 줄지어 세웠다. 근정전에서는 세자를 책봉하거나 중국 사신을 맞아들이는 일 등 국가의 중요한 의식을 치렀다.

태조부터 여러 왕은 관청을 정비하는 데 힘썼다. 고려 때부터 있던 관청의 역할을 고치기도 하고, 새로 만들기도 했다. 가장 높은 벼슬인 영의정, 좌의정, 우의정(3정승)이 나라의 중요한 일을 의논해 결정하고 왕에게 아뢰었다. 결정된 일은 이조, 호조, 예조, 병조, 형조, 공조(6조)에서 챙겨 온 나라 안에 알리고 시행했다. 8도의 살림살이는 관찰사가 책임을 졌고, 그 아래에는 크고 작은 고을 살림을 맡은 수령들이 있었다.

유교의 나라, 조선

고려가 불교의 나라였다면 조선은 유교의 나라였다. 조선을 세우는 데 큰 공을 세운 정도전 등은 불교 때문에 고려가 잘못된 길로 들어섰다고 생각했다. 그들은 고려 말에 타락의 늪에 빠진 불교가 어지럽힌 세상을 효와 충, 유교의 가르침으로 바로잡아야 한다고 믿었다.

"불교 승려들은 수천만 냥을 들여 사치스럽게 절을 짓고 있습니다. 그뿐 아니라 법회를 연답시고 백성의 피땀을 쥐어짜고 있습니다. 승려들은 부처만 따르면 된다면서 부모 형제도 모른 척하고, 군인이 되어 나라를 지키는 일도 하지 않으려고 합니다. 그러니 절의 재산을 모두 국가에 귀속시키고 백성들이 승려가 되지 못하도록 하십시오."

태조도 같은 생각이었다.

"앞으로는 마음대로 절을 지을 수 없을 것이오. 또한 승려가 되려면 반드시 나라의 허락을 받고, 많은 곡식을 바쳐야만 할 것이오."

이렇게 해서 삼국 시대부터 고려 시대까지 하늘의 별처럼 많았던 불교 사찰(절)이 점점 줄어들었다.

백성들 가까이, 사람들과 가까운 곳에 있던 사찰들은 점점 없어지고, 저 멀리 깊은 산속에 있는 사찰들만 살아남았다. 사찰이 가지고 있던 그 많은 재산은 당연히 나라의 것이 되었다.

있을 곳이 없어진 많은 승려는 보통 백성으로 돌아갔다. 끝까지 승려로 남은 사람들은 예전의 힘과 권위를 다 잃어버리고 나라에서 시키는 궂은일, 거친 일을 도맡는 신세가 되었다.

  조선 정부는 불교를 억압하는 정책을 폈지만, 천년이 넘도록 사람들과 함께한 부처님 모습을 완전히 지울 수는 없었다. 부드러운 미소의 부처님 모습은 사람들의 마음속에 여전히 깊이 남아 있었다. 힘들고 고통스러운 일을 당한 사람들은 깊은 산속, 절에 계신 부처님을 찾아가 위로를 받았다.

태종, 새 나라의 기틀을 다지다

왕자의 난

'누구를 세자로 세워야 할까?'

태조 이성계에게는 아들이 8명이나 있었다. 위로 여섯은 태조가 왕위에 오르기 전에 세상을 떠난 첫째 부인 한씨가 낳은 아들이고, 나머지 둘은 둘째 부인이자 지금의 왕후인 강씨 소생이었다.

태조는 정도전에게 물었다.

"누구를 세자로 세우면 좋겠소?"

정도전도 평소 이 문제로 고민이 많았다.

'방원의 공이 제일 크지만 성격이 너무 강해서 곤란해. 왕이 되면 신하의 말을 잘 듣지 않고, 자기 마음대로 정치를 할 것이 분명해. 조선은 왕의 나라가 아니라 신하와 모든 백성의 나라가 되어야 해. 나이 어린 방석 왕자를 세자로 세우고 잘 가르치면 장차 내가 품은 원대한 꿈을 펼칠 수 있을 거야.'

방원이 스물여섯 살 건장한 청년인데 비해 방석은 이제 열 살이 갓 넘은 어린 소년이었다. 정도전이 말했다.

"왕은 만백성의 어버이입니다. 깨끗하고 따뜻한 인품을 지닌 막내 방석 왕자님을 세자로 삼으시면 좋겠습니다."

태조가 듣고 싶었던 대답이었다. 목숨을 걸고 자신을 도왔던 여러 아들들, 특히 다섯째 방원이 마음에 걸렸지만, 막내아들 방석을 세자로 삼기로 했다. 정도전이 방석의 스승이었기 때문에 더욱 든든했다.

태조가 방석을 세자로 책봉하겠다고 말하자, 조정이 발칵 뒤집혔다. 조정에는 방원을 따르는 사람이 훨씬 많았다.

"태평한 시대라면 맏아들이 왕위를 잇는 것이 옳습니다. 하지만 지금처럼 어지러울 때는 유능한 아들이 대를 이어야 하옵니다. 그동안 세운 공으로 보나 능력으로 보나 방원 왕자님을 세자로 삼으셔야 합니다."

"방석 왕자님은 너무 어려서 나랏일을 모르는 데다 총명하지 못하다는

정도전과 《삼봉집》
조선 개국의 일등 공신이자 새 왕조의 설계자였던 정도전의 모습과 그가 쓴 《삼봉집》이다. 신덕 왕후 강씨에게서 난 방석을 세자 책봉에 추대한 뒤 이방원 세력에 의해 죽음을 맞았다.

소문도 있사옵니다."

정도전이 태조의 편을 들었다.

"나랏일은 지금부터 차근차근 배우면 됩니다. 그리고 국왕은 백성들을 위해 어진 덕을 베풀 수 있어야 합니다. 방원 왕자님은 너무 많은 사람을 죽이지 않았습니까?"

결국 태조는 막내아들 방석을 세자로 책봉했다.

'아버님을 도와 목숨을 걸었던 나를 이렇게 푸대접해도 된단 말인가. 게다가 둘째 부인의 아들을 세자로 삼다니…… 어디 두고 보자.'

방원은 몸을 낮추고 사람들을 모으며 때를 기다렸다.

어느덧 몇 년의 세월이 흘렀다. 세자의 어머니 왕비 강씨가 세상을 떠났다. 나이 예순을 바라보던 태조는 몸과 마음이 예전 같지 않았다. 어린 세자에게는 이제 정도전이 유일한 바람막이였다.

그러던 어느 날 한밤중에 갑자기 대궐에서 방원에게 전갈이 왔다. 태조가 급작스레 병이 났으니 입궐하라는 것이었다.

'이상하구나. 어제 뵈었을 때도 아바마마는 멀쩡하셨는데……. 나이가 드셨어도 그렇게 쓰러질 분은 아니지. 뭔가 음모가 있는 게 틀림없어.'

방원은 관복 속에 갑옷을 입은 채 군사를 이끌고 경복궁 쪽으로 달려갔다. 방원의 부인인 민씨의 남동생 무질과 무구도 군사를 이끌고 그의 뒤를 따랐다. 방원 일행은 먼저 남은의 집으로 들이닥쳤다. 그곳에서 술을 마시던 남은과 정도전이 순식간에 방원의 칼에 맞아 죽었다. 방원의 부하 이숙번이 궁으로 달려가 세자와 세자의 친형인 방번을 사로잡았다. 모든 일이

눈 깜짝할 사이에 일어났다.

　이 소식을 들은 태조는 불같이 노했다. 왕비를 잃고 얼마 안 되어 평생의 동지 정도전과 남은을 잃은 태조는 슬픔에 빠졌다. 게다가 세자 형제의 목숨도 바람 앞의 등불 같은 처지가 되고 말았다.

　"방원이, 이놈! 네가 어찌 이럴 수가 있단 말이냐."

　방원은 두려움을 느끼기는커녕 눈썹 하나 까딱하지 않았다.

　"아바마마, 고정하시옵소서. 정도전 등이 세자를 왕위에 올리려는 역모를 꾀했습니다. 소자는 아바마마를 지켜 드리고자 역모의 무리를 잡아 죽인 것뿐이옵니다."

　세자와 그의 친형은 결국 목숨을 잃었다.

방원, 왕위에 오르다

"그럼, 이제 다섯째 왕자 방원이 세자가 되는 건가?"

　"참 무서운 사람이야. 어떻게 피를 나눈 형제를 죽이고……."

　사람들은 동생을 죽이고 세자가 되려고 한다면서 방원을 손가락질했다. 하지만 방원은 경솔하게 행동하지 않았다. 태조의 큰아들이 일찍 죽은 터라 둘째 방과가 세자가 되었다. 화가 풀리지 않은 이성계는 방과에게 왕위를 물려주고 상왕이 되어 고향인 함흥으로 훌쩍 떠나 버렸다. 그러나 왕의 도장인 옥새는 넘겨주지 않고 소중히 품고 있었다.

　'이놈들, 어디 두고 보자. 내가 다시 힘을 모아 반드시 네놈들을 내치고 말 것이다.'

평생 동안 숱한 전쟁에서 단 한 번도 패한 적이 없던 이성계였다. 그런 그가 아들에게 쫓겨나듯 왕위를 내어 주게 될 줄 누가 알았을까?

얼떨결에 왕이 된 방과, 즉 정종의 마음도 불안하기 짝이 없었다. 방원을 비롯한 동생들이 두려웠고, 눈치를 보며 지내는 하루하루가 고역이었다. 그러던 중에 넷째 방간이 군사를 일으켜 방원을 치는 일이 터졌다. 방간도 왕이 되고 싶었던 것이다. 방간은 박포라는 자의 간사한 농간에 넘어가 어리석게 군사를 일으켰지만 방원의 상대가 되지 못했다.

형제들끼리 다퉈 죽고 죽이는 모습을 보고 있던 정종은 더 이상 허수아비 왕 노릇을 하기 싫었다. 방원을 따르는 조정 대신들은 하루가 멀다 하고 방원을 왕세제(왕위를 계승할 동생)로 삼으라고 성화였다. 정종은 방원을 왕세제로 삼았다가 곧 왕위를 물려주고 홀가분하게 용상에서 내려왔다. 이제 정종은 상왕, 태조는 태상왕이 되었다.

드디어 방원은 그토록 그리던 왕의 자리에 앉게 되었다. 조선의 세 번째 왕 태종이었다.

"동생을 죽이더니만 결국 아버지와 형까지 쫓아내고 왕이 되셨군."

"예끼, 이 사람아, 입조심하게. 목숨을 날리고 싶은가?"

"임금님이 불효자이니 백성들이 뭘 보고 배우겠어?"

태종에게는 첩첩산중 같은 어려움이 기다리고 있었다. 그중에서도 백성들의 마음이 싸늘하게 돌아선 것이 가장 큰 걱정이었다. 태종은 속상했지만 그럴수록 효도를 다하는 모습을 백성들에게 보이는 방법밖에 없었다. 태조의 마음을 돌리려고 여러 번 함흥에 차사(왕의 심부름을 하는 관리)를 보냈다. 하지만 이성계는 꿈쩍도 하지 않았다.

엎친 데 덮친 격으로 안변 부사 조사의가 동북면에서 군사를 모아 반란을 일으켰다는 소식이 날아들었다. 반란군의 수가 1만 명을 넘었다고 했다. 때마침 함흥을 향해 길을 떠난 태상왕 일행이 반란 지역에 가까이 가고 있었다. 태종과 조정 대신들은 바짝 긴장했다. 동북면에는 아직도 태조를 따르는 사람이 많았기 때문이다.

"큰일입니다. 만약 태상왕께서 함흥의 반란군과 손을 잡으시면 일이 매우 커집니다."

"빨리 태상왕 전하를 모셔 오도록 하십시오. 한시가 급합니다."

태종은 급히 함흥으로 사람을 보내 태조를 모셔 오도록 하고 반란 지역

함흥에 있는 이성계의 궁궐
이성계가 왕좌에서 물러난 뒤 생활하던 곳이다. 태종은 계속 차사를 보내 한양으로 돌아올 것을 청했으나 태조는 쉽게 응하지 않았다. '함흥차사'란 말은 여기에서 유래했다고 한다.

주변의 수령들이 반란에 가담하지 못하도록 엄하게 단속했다. 결국 사로잡힌 조사의 등 주동자 십수 명이 죽임을 당하거나 귀양을 가는 것으로 반란은 끝이 났다.

이를 지켜본 태상왕 이성계는 못 이기는 척하며 귀경길에 올랐다. 마음속에 후회가 밀려왔다.

'내가 진작 방원을 세자로 삼았다면 애꿎은 아들들을 죽이지 않아도 되었을 텐데…… 모두 나의 잘못이다.'

한겨울이었지만 태종이 직접 멀리까지 마중을 나가 아버지 앞에 꿇어 엎드렸다. 이성계는 태종의 손을 잡아 일으킨 뒤 깊이 간직해 온 옥새를 아들의 손에 들려 주었다.

"부디 훌륭한 국왕이 되어 주시오."

얼마 뒤 태조 이성계는 세상을 떠났다. 나라를 세운 지 16년, 그의 나이 74세였다.

태종, 나라의 기초를 세우다

옥새를 물려받은 태종은 자신이 원하는 정치를 펼치는 데 거침이 없었다. 한번 마음먹은 일은 어떤 반대에 부딪혀도 밀고 나갔다. 태종은 왕의 힘을 강하게 만들어야 한다고 생각해 왕명을 어기는 자는 신분을 가리지 않고 엄벌에 처했다. 왕의 뜻에 끝까지 맞서는 신하들은 쫓겨났다.

왕자들이나 권세가들이 거느린 군대도 모두 없애 버렸다.

"사사로운 군사는 왕권을 위협할 수 있는 법! 오직 국왕만이 군대를 이끌 수 있노라."

"우리의 손발을 다 잘라 내려는 것이군."

여기저기서 수군거렸지만 너무 두려운 나머지 어느 누구도 감히 태종의 명령을 어기지 못했다. 나라의 기강을 세우는 데 걸림돌이 되는 사람들도 절대로 용서하지 않았다.

하루는 대사헌 이원이 한성의 통행금지를 어겼다. 대사헌은 사람들이 우러러보는 높은 벼슬자리였다. 밤 10시경부터 새벽 4시 무렵까지는 아주 위급한 일이 아니면 도성 안을 돌아다니거나 성문을 출입할 수 없도록 되어 있었다. 이 일로 이원은 대사헌 자리에서 쫓겨났다.

태종은 신분 질서를 엄히 지키도록 했다. 아무리 돈이 많아도 신분이 낮은 사람은 비단옷을 입거나 말을 탈 수 없었다. 백성이 소나 말을 타고 외출했다가 발각되면, 곤장을 맞고 가축을 빼앗겼다.

어느 날은 부유한 상인의 노비가 비단옷을 입고 말을 타고 거들먹거리며 거리에 나섰다. 그 노비는 주인의 권세를 믿고 제멋대로 행동했다. 이때 갑자기 포졸들이 고함을 치며 몰려왔다.

"게 멈추거라~ 저놈을 묶어 관아로 끌고 가라!"

포졸들은 노비를 말에서 끌어 내린 뒤 오랏줄로 꽁꽁 묶었다.

"제게 왜 이러십니까?"

"이놈아, 몰라서 묻느냐? 백성들은 도성 안에서 말을 탈 수 없다는 주상 전하의 엄명이 있었던 것을 모르느냐? 더구나 노비 주제에 말을 타다니!"

기술자와 장사꾼, 노비의 옷 색깔도 법으로 정해 멀리서 봐도 단번에 신분과 직업을 알아볼 수 있었다. 게다가 새로 만든 법에 따라 남자들은 열여섯 살이 되면 호패를 허리춤에 차야 했다.

양반들은 상아나 비싼 고급 나무를, 일반 백성들은 흔히 구할 수 있는 나무를 손바닥 반만 한 크기로 길쭉하게 다듬어 이름과 직업, 사는 곳 등을 새겨 넣은 것이 바로 호패였다. 도성문을 드나들 때나 멀리 여행할 때에는 호패를 지니고 다녀야 했는데, 만일 호패가 없으면 관아에 끌려가 모진 고초를 당했다.

태종은 조선 8도 온 나라 안의 농토와 인구를 조사하도록 했다. 세금을 제대로 걷어 나라 살림을 알뜰하게 하기 위해서였다.

"백성들 가운데 군사가 될 수 있는 사람이 몇 명이나 되는지 조사하시오. 나라에서 벌이는 공사에 나와서 일할 수 있는 사람은 몇 명인지, 농사를 지을 수 있는 땅이 얼마나 되는지, 고을별로 모두 조사하시오."

호패
1413년 태종은 전국에 호패법을 실시했다. 16세 이상의 모든 남자는 호패를 차야 했다.

북쪽의 함경도·평안도부터 남쪽의 경상도·전라도까지 모든 고을 수령은 인구와 농토를 조사해 보고서를 올렸다.
　"전하, 백성들은 억울한 일을 당하고도 힘이 없어 바로잡지를 못하고 있습니다. 궁궐에 북을 매달아 억울함을 직접 전하께 호소할 수 있도록 하면 만백성이 기뻐할 것이옵니다."
　"정말 좋은 생각이오. 곧바로 시행하시오."
　태종은 의금부에 커다란 북을 매달도록 하고, 그 이름을 '신문고'라고 했다. 북을 친 사람의 억울한 호소가 사실이면, 바로 왕에게 보고하고 닷새 안에 해결하도록 했다. 만일 거짓말을 한 것이면 북을 친 사람이 큰 벌을 받았다.
　억울한 사연을 왕이 직접 챙겨 듣고 해결해 준다는 소식에 백성들은 기뻐했다. 신문고를 울리려는 사람이 구름처럼 몰려들었다.
　"어서 가세나. 억울하게 빼앗긴 땅을 되찾을 수 있을 거야."
　"나도 빼앗긴 내 집을 찾아야겠어. 그래서 가진 것 다 팔아서 여비를 마련했다네."
　신문고 덕분에 나쁜 짓을 일삼던 관리가 귀양을 가기도 했다. 조호라는 관리가 욕심을 부려 다른 사람의 노비를 억지로 빼앗자 노비 주인은

신문고를 치고 이 사실을 알렸다. 관리의 잘잘못을 가리는 일을 담당하는 사헌부에서는 노비를 돌려주도록 판결했다. 조호는 자신의 지위만 믿고 사헌부의 판결을 따르지 않았다.

그러자 사간원에서 조호를 벌주도록 태종에게 상소를 올렸다. 사간원 관리들은 왕이 바른 정치를 하도록 목숨을 걸고 옳은 말을 했다. 결국 조호는 벼슬을 빼앗기고 귀양을 갔다.

하지만 북을 치는 사람이 너무 많아지자 나라에서는 북 치는 절차를 점점 까다롭게 고쳤다.

1 새로운 나라 조선 · **39**

날이 갈수록 신문고에 가까이 가기란 하늘의 별 따기처럼 어려워졌다. 천리 길을 걸어서 한성에 도착한 백성들은 의금부 관리의 매서운 눈초리에 먼저 기가 꺾여 북채 한번 만져 보지 못하고 서러운 발걸음을 돌리기가 일쑤였다.

세계 지도 속의 조선

태종은 좌의정 김사형 등에게 세계 지도를 만들도록 명했다. 그들은 중국과 일본의 지도, 그리고 조선의 지도를 모아서 세계 지도인 〈혼일강리역대국도지도〉를 만들었다. 이 지도에는 조선이 중국에 버금가는 훌륭한 국가라는 자부심이 배어 있었다.

벽을 가릴 만큼 커다란 세계 지도의 가운데에 중국이 버티고 있다. 그 오른쪽에는 중국 다음가는 크기로 조선이 당당히 그려져 있다. 중국의 왼쪽에는 인도와 서남아시아, 유럽과 아프리카가 작고 일그러진 모습으로 나타나 있다. 일본은 조선 주변에 아주 작게 그려져 있다.

당시 조선 사람들은 세계의 중심이 중국이라고 믿었다. 그리고 중국을 차지하고 통치하는 명나라를 섬기는 것이 당연하다고 생각했다.

조선에서는 한 해가 마무리되는 동짓달에 명나라로 사신을 파견했다. 명나라 황제가 바뀌거나 생일을 맞는 등 경사스러운 일이 있을 때는 귀한 선물을 준비해 축하 사절을 보냈다. 조선의 왕이 바뀌거나 세자를 책봉하거나 왕비를 맞이할 때도 반드시 명나라에 알렸다. 태종도 왕이 된 다음 명나라 황제로부터 인정을 받는 절차를 거쳤다.

〈혼일강리역대국도지도〉
중국에서 만든 세계 지도 〈성교광피도〉와 〈혼일강리도〉를 들여와서 우리나라와 일본의 지도를 합해 제작했다고 한다. 중국을 세계의 중심으로 여기던 당시 사람들의 생각을 엿볼 수 있다.

    큰 나라로 섬김을 받았던 명나라는 조선의 나랏일에 사사건건 간섭하지 않았다. 조선의 사신이 황제에게 바치는 조공품을 가져오면 훨씬 값나가고 비싼 물품과 함께 답례의 사신을 파견했다. 때때로 명나라는 수천 필의 말과 사냥에 쓰이는 매를 잡아 바치라는 무리한 요구도 했지만 조선의 국왕들은 지혜롭게 대처해 나갔다.

세종, 어진 정치를 펼치다

충녕 대군, 세자가 되다

태종은 어떻게든 맏아들 양녕 대군을 훌륭한 후계자로 세우고 싶었다. 그런데 양녕 대군은 태종에게 실망만 안겨 주었다. 활달하며 놀기 좋아하는 성격의 양녕 대군은 늘 아버지 태종의 뜻에 어긋나는 행동을 했다.

훌륭한 왕이 되기 위한 공부에는 도통 뜻이 없고 몰래 궁을 빠져나가 새를 잡으러 다니거나 술을 마시며 놀러 다니기 일쑤였다. 세자를 매질할 수는 없었기 때문에 동궁의 내시들이 대신 매를 맞기도 했다. 화가 머리 끝까지 오른 태종은 중대한 결단을 내렸다.

"이제 양녕은 더 이상 조선의 세자가 아니다!"

쫓겨난 양녕 대군 대신 누구를 세자로 세울 것인지 결정해야 했다. 많은 대신이 충녕 대군을 추천했다. 드디어 셋째 왕자 충녕 대군이 세자로 책봉되었다. 충녕 대군은 효성이 지극하고 공부하기를 좋아하는 왕자였다. 유교 경전을 비롯해 중국과 우리나라의 역사·지리·과학·천문·음악

등 온갖 책을 두루 읽고 섭렵해 대단한 실력을 갖추고 있었다.

새로 세자가 책봉되고 어수선했던 궁궐이 오랜만에 평화를 찾은 듯했다. 그런데 두어 달 뒤, 태종이 갑자기 세자에게 왕위를 물려주겠다고 발표했다.

"아니 되옵니다. 아직 세자 저하께서 이 나라의 임금님이 되실 때가 아니옵니다."

조정 대신들은 절대로 안 되는 일이라며 펄쩍 뛰었고 세자 충녕 대군도 기절할 듯이 놀랐다.

"아바마마, 소자는 아직 나라를 이끌 능력을 갖추지 못했사옵니다. 또한 아버님께서 건강하신데 어찌 제가……."

태종이 낮은 소리로 말했다.

"내게 깊은 뜻이 있어서 그런 결정을 내린 것이다. 군사 지휘권은 내가 그대로 가지고 있을 테니, 너는 조정을 이끌면서 나라 안의 일을 잘 챙기도록 해라."

태종의 결심은 단호했다.

세종
1418년에 왕의 자리에 오른 조선의 네 번째 왕, 세종의 초상화이다.

'세자 충녕이 이제 갓 스무 살인데 내가 갑자기 죽기라도 하면 나라를 이끌어 가는 데 어려움이 따를 수도 있어. 내가 상왕이 되어 아들의 앞길을 더 단단하게 다져 주고 정치가 무엇인지 가르쳐 주어야지.'

젊은 왕 세종은 어질고 총명할 뿐 아니라 효성스러웠다. 그리고 누구보다도 부지런했다. 매일 새벽 4시가 되면 잠자리에서 일어나 왕실 어른들께 문안 인사를 드렸다. 아침 일찍 신하들의 조회를 받고 점심 무렵이 되면 각 관청에서 올라온 보고서를 보면서 나랏일을 처리했다.

아침, 점심, 저녁으로 하루에 세 번 열리는 경연에 나아가 학식이 높은 신하들과 함께 공부하고 토론하는 일도 게을리하지 않았다. 경연은 공부를 좋아하는 세종이 가장 기다리는 시간이었다. 세종은 신하들이 모두 퇴근해도 밤이 이슥하도록 희미한 등잔불 아래에서 책을 보았다.

종묘에서 제례를 올리다

어느 날 세종의 어가 행렬이 종묘로 향했다. 높이 휘날리는 오색 깃발이 왕의 행차를 알리고, 수십 명의 군사가 일제히 불어 대는 나팔 모양의 악기 소리가 우렁차게 멀리 퍼져 나갔다. 문무백관들이 어가의 뒤를 따르고 호위 군사들은 왕에게 무슨 일이 일어날까 봐 눈을 부릅뜨고 행진했다.

어가가 지나는 길 근처에 있던 도성 백성들은 모두 땅에 엎드려 고개를 조아리고 행렬이 지나갈 때까지 숨을 죽였다. 한 아이가 귀엣말로 아버지에게 물었다.

"임금님께서 어디 가시는 거예요?"

"왕실 조상님들께 제례를 올리러 종묘에 가신단다. 종묘에서는 한 해에도 여러 번 제례가 열려."

아이가 눈을 동그랗게 떴다.

"제례가 뭐예요?"

"돌아가신 임금님과 왕비님들 그리고 왕실 조상님들께 절을 하고 문안을 드리는 것을 제례라고 해. 나무, 대나무, 구리로 만든 수십 개의 그릇에 곡식이랑 날고기, 익힌 고기, 향기로운 술 등 깨끗하고 정성이 담긴 음식을 담아 올리고 제사를 드리는 거야."

"한양을 도읍으로 삼고 경복궁을 지을 때 종묘도 세웠단다. 종묘에는 돌아가신 왕실 조상님들의 혼을 모신 집도 있고, 혼이 다니시는 길도 있단다."

"혼이요? 아휴~ 무서워요."

"하하. 무서울 것 없단다. 왕실 조상님들께서는 백성들이 잘 살 수 있도록 보살펴 주신단다."

종묘 제례
종묘는 역대 임금과 왕비의 신위를 모시고 제사 지내는 곳이다.
봄·여름·가을·겨울 사계절에 각각 좋은 날을 정해 성대한 제사를 올렸다.
나라에 흉한 일이나 좋은 일이 생길 때도 제사를 올렸다.

종묘에 도착한 세종이 연에서 내렸다. 여러 색깔 구슬 줄을 주렁주렁 늘어뜨린 면류관을 쓰고, 검은 비단에 산과 용·불·도끼·범·꿩 등 아홉 가지 무늬가 화려하게 수놓인 구장복을 입고 계셨다. 붉은빛 예복을 차려 입은 신하들이 종묘 안뜰에 줄지어 섰다.

드디어 종묘에서 제례가 시작되었다. 세종은 천천히 걸어서 종묘 안의 정전으로 들어갔다. 유교 가르침에 따른 복잡한 의식을 하나하나 정성껏 지키며 제사를 올렸다. 향을 피워 조상신을 모셔 오고 정성을 담은 술잔을 올렸다. 딩~동~댕~동~ 맑고 청아한 소리에 당피리와 대금의 선율이 어울렸다. 정성껏 올리는 제사에 왕실 조상과 하늘이 감동해 오래오래 조선을 지켜 달라고 기원했다.

훗날 세종은 종묘 제례에 쓰이는 음악을 더욱 아름답고 장엄하게 고쳐 만들도록 했다. 나중에는 종묘 제례에 춤도 곁들이게 되었다. 보라색 옷을 입은 36명의 남자들이 6명씩 6줄로 서서 음악에 맞추어 느릿느릿 춤을 추었다.

조선의 왕들은 해마다 사직단에서도 여러 차례 제사를 올렸다. 사직단은 땅의 신 '사'와 곡식의 신 '직'을 모신 곳이다. 왕들은 사직단에서 비가 내리지 않으면 기우제를 올렸고, 풍년을 비는 기곡제도 드렸다. 신라와

일무
종묘·문묘 등 제향 때 줄을 지어 추는 춤을 일무라고 한다. 조선 시대에는 6줄로 서서 추어서 육일무라고도 불린다.

고구려, 고려에서도 사직단을 두고 제사를 지냈다. 백성은 땅과 곡식이 없으면 살아갈 수가 없으므로 국가의 운명이 사직에 달려 있는 것이나 다름없었다.

지방의 각 고을에도 사직단을 두었다. 해마다 정월이 되면 고을의 수령이 사직단에 나가 평안과 풍년을 빌었고 가뭄이 심하면 백성들이 기우제를 지내기도 했다.

사직단
서울 종로에 위치한 사직단으로, 땅의 신과 곡식의 신에게 제사 지내는 곳이다.

쓰시마 섬 정벌

세종이 왕위에 오른 이듬해, 왜구들의 배 39척이 충청도와 황해도 해안에 나타나 백성을 죽이고 노략질을 했다는 보고가 올라왔다. 태종은 이번에야말로 그냥 두어서는 안 되겠다고 마음을 굳게 먹었다.

"왜구의 만행을 없애기 위해 그들의 소굴인 쓰시마 섬을 직접 쳐야겠는데, 경들의 생각은 어떻소?"

"상왕 전하, 쓰시마 섬 근처는 파도가 높아 자칫 우리 수군이 큰 피해를 입을 수 있사옵니다."

"일본과 사이가 나빠져 전쟁이 날 수도 있습니다."

왜구는 쓰시마 섬에서 한반도와 중국 남부 해안까지 누비며 해적질을

조선

했다. 일본 정부도 왜구를 제대로 다루지 못했다. 그러나 병조 판서 조말생의 생각은 달랐다.

"이번에 왜구들을 확실히 눌러놓지 않으면 갈수록 노략질이 심해질 것입니다. 그렇게 되면 나라 안은 한시도 평안하지 못할 것이옵니다."

태종은 이종무를 책임자로 삼아 출병을 준비하도록 명했다. 이종무는 수많은 전쟁에 참여해 용맹을 떨친 백전노장이었다.

조선의 전함들이 쓰시마 섬을 향해 출발했다. 서서히 가까워 오는 수백 척의 전함을 본 쓰시마 섬 사람들은 중국으로 떠났던 자기들의 배가 돌아오는 줄 알고 손을 들어 환영하다가 배에서 조선 군사들이 내리자 혼비백산해 뿔뿔이 도망쳤다.

처음에 이종무는 항복할 것을 권했지만 아무리 기다려도 항복할 기미를 보이지 않자 화가 머리끝까지 올랐다.

"적의 배를 모두 불태워 버려라! 그래도 항복하지 않으면 해안가의 집들까지 모두 불태워라!"

이종무는 부하 장수들을 시켜 섬 깊숙이 군사를 침투시키는 작전을 폈다. 그러나 복병에 속아 많은 군사를 잃었다. 이종무가 고민에 빠졌을 때 쓰시마 섬의 도주가 편지를 보내왔다.

> 그동안 조선 사람들에게 피해를 끼쳐서 죄송합니다. 다시는 그러지 않겠습니다. 곧 태풍이 올 것이니 속히 돌아가시는 편이 좋겠습니다.

태풍이 올 것이라는 말은 사실이었다. 이종무는 재빨리 함대를 이끌고 거제도로 돌아왔다. 그리고 중국의 해안으로 간 왜구를 칠 준비를 시작했다. 조선 조정에서는 전쟁을 중지해야 한다는 주장이 터져 나왔다.
　결국, 이종무는 한성으로 돌아왔다. 그런데 그를 기다린 것은 환영과 포상이 아니었다. 사헌부에서 이종무가 군사 수십 명을 잃었으므로 패전과 다름없다면서 벌줘야 한다고 청했던 것이다.

쓰시마 섬 정벌은 절반의 성공으로 끝났지만 해안가 백성들은 두려움에서 벗어나 평화롭게 살 수 있게 되었다. 세종은 쓰시마 섬 사람들이 배를 타고 와서 정해진 곳에서 무역을 할 수 있도록 했다. 해마다 수십 척의 배가 조선의 허락을 받고 들어왔다.

쓰시마 섬 사람들은 가져온 물건을 조선에 팔고, 자기들에게 부족한 쌀과 곡식 등을 사 가지고 돌아갔다. 하지만 허락된 인원보다 많은 사람이 조선에 들어오거나 약속된 것보다 많은 물건을 사고팔면 조선 조정에서는 관군을 파견해 쫓아내기도 했다.

세종은 일본에 통신사를 여러 차례 파견했다. 통신사란 두 나라 간의 믿음을 두텁게 하는 사절이라는 뜻이다. 조선의 통신사 일행 수백 명은 여러 달 동안 일본에 머물며 정보를 알아내고 돌아와서 조정에 보고했다.

집현전의 학사들

세종은 왕이 되자마자 집현전을 학문과 정책을 연구하는 곳으로 정비했다. 국왕이 제아무리 뛰어난 능력이 있어도 왕을 도울 수 있는 우수한 인재가 있어야 나라가 제대로 돌아가고 발전할 수 있다는 점을 잘 알고 있었기 때문이다. 집현전 총장인 대제학은 당대 최고 학자인 변계량이 맡았고, 그 다음 높은 자리인 제학은 세종의 왕자 시절 스승이던 이수가 맡았다.

집현전 학사들은 경연을 담당하고 세자에게 유학을 가르쳤다. 외교 문서도 작성하고 옛날의 제도 중에서 조선에 필요한 것을 찾아내어 왕에게 보고하기도 했다. 세종은 집현전 학사들을 아끼며 보살폈고 집현전 학사들은 세종이 훌륭한 정치를 펴는 데 든든한 버팀목이 되어 주었다.

하루는 밤늦도록 책을 보던 세종이 내관을 불렀다.

"집현전에 가서 어떤 학사가 남아 무엇을 하고 있는지 살펴보거라."

집현전에 다녀온 내관은 한 젊은 학사가 책을 보고 있다고 아뢰었다. 한참 뒤 세종은 내관을 다시 보냈다. 젊은 학사는 여전히 책을 보고 있었다. 내관이 두 번을 더 다녀와서 학사가 잠이 들었다고 아뢸 무렵에는 거의 새벽녘이 되어 있었다.

"정말 기쁜 일이로구나. 집현전에 그토록 열심히 공부하는 학사가 있으니 이 나라 조선의 앞날이 아주 밝겠구나."

세종은 자신의 가죽 겉옷을 내관에게 주며 학사에게 덮어 주라고 한 뒤 잠자리에 들었다. 그 젊은 학사가 바로 훗날 세조와 성종 대까지 높은 벼슬을 지내며 훌륭한 외교 전문가로 활동한 신숙주이다. 날이 밝아 왕의 가죽옷을 발견한 신숙주와 집현전 학사들은 크게 놀라고 감동했다.

"전하께서 이토록 아껴 주시는데 어찌 공부를 게을리할 수 있겠는가?"

세종은 어느 것 하나 무심히 지나치는 일이 없었다고 전한다. 조선에 부족한 법과 제도가 무엇인지, 또 어떻게 고칠 것인지 늘 고민했다. 세금을 가장 공평하게 걷는 방법을 찾아 시행하려고 노력했다. 전쟁에 쓰이는 화살의 크기를 어느 정도로 하면 좋을 것인지에도 관심을 기울일 정도로 세심하고 꼼꼼했다.

특히 중국과 우리나라의 역사책 속에서 나라를 다스리는 데 필요한 지혜를 구하기 위해 열심히 공부했다. 지혜롭고 학식이 풍부한 집현전 학사들은 세종의 곁에서 제도와 법을 연구했다. 정인지, 성삼문, 신숙주, 박팽년, 최항, 강희안 등이 세종이 아끼던 집현전 학사이다.

명재상 황희와 맹사성

세종 시대에는 황희와 맹사성이라는 훌륭한 재상이 있었다. 위로는 왕을 섬기고 아래로는 만백성을 보살펴야 하는 자리, 관리들을 이끌면서 나랏일을 챙기는 어려운 자리가 영의정, 좌의정, 우의정, 재상의 자리였다.

황희는 고려가 망하자 두 나라를 섬길 수 없다면서 깊은 산골인 두문동에 숨어들었다. 그렇지만 여러 사람의 설득으로 마음을 바꿔 관직에 나온 뒤로 많은 경험을 쌓아 노련한 정치가가 되었다. 양녕 대군이 세자 자리에서 쫓겨날 때 끝까지 반대하다가 벼슬에서 물러나기도 했다. 그러나 황희는 세종, 세조, 문종까지 섬기며 30년간이나 정승 자리에 있었다.

한번은 가뭄이 심하게 든 강원도에 황희가 관찰사로 내려갔다. 백성들이 배고픔에 굶어 죽어 나가는데도 웬일인지 나라에서 곡식을 보내지 않았다.

황희
세종 때에 18년간 영의정을 지내면서 농사법을 개량하고 문물제도의 정비에 힘썼다.

깜짝 놀란 황희가 영문을 알아보니, 강원도의 수령들이 빌려준 나라 곡식을 제대로 받지 못했으면서도 벌을 받을까 봐 창고에 곡식이 가득 차 있다고 엉터리 보고서를 올린 탓이었다.

"수령이란 자가 벌 받을 것이 두려워 거짓말을 하고 백성들을 괴롭히다니 용서할 수가 없다."

황희는 거짓 보고를 올린 수령들을 벌줄 것을 청했다. 세종은 신중하게 생각한 뒤 황희에게 편지를 보냈다.

> 한꺼번에 수령을 바꾸면 백성들이 더 힘들어질 수도 있으니, 만일 수령들이 몸을 아끼지 않고 백성들을 살려 내는 데 최선을 다한다면 죄를 용서 받을 수 있도록 하시오.

1 새로운 나라 조선 · 55

청렴하기로 이름이 높았던 맹사성도 세종을 잘 보필했다. 높은 벼슬을 하면서도 비 오는 날에는 지붕으로 비가 새어 삿갓을 쓰고 있어야 할 정도로 허름한 집에 살았다.

맹사성은 음악에 조예가 깊어 손수 악기를 만들기도 했다. 먼 길을 갈 때는 소를 타고 피리를 불면서 다녔다는 이야기도 전한다. 세종이 맹사성에게 제례와 의식에 쓰이는 음악을 정비하는 중요한 직책을 맡겼다.

유교 국가 조선에서 음악은 매우 중요했다. 아름답고 좋은 음악은 훌륭한 제사와 의식을 더욱 돋보이게 하고 사람들의 마음을 어질게 만드는 힘이 있었다. 맹사성은 음악 전문가 박연과 함께 궁중 음악인 아악과 조선 고유의 음악인 향악을 정리했다. 맹사성은 황희와 손발이 잘 맞았다. 두 사람은 힘을 합쳐 세종 시대를 훌륭하게 이끌어 나갔다.

북방을 지킨 최윤덕과 김종서

쓰시마 섬 정벌로 남쪽은 조용해졌지만 북쪽 국경은 여전히 불안했다. 야인이라 불리던 여진족 때문이다. 그들은 압록강과 두만강 너머에 살았는데, 조선과 중국에서 곡식과 여러 가지 물건을 구해야 살아갈 수 있었다. 제때 물품을 구하지 못하면 국경을 넘어 쳐들어와 사람들을 죽이고 재산과 곡식을 빼앗아 가기 일쑤여서, 여진족은 조정의 골칫거리였다.

일찍이 태조 이성계는 여진족을 능숙하게 잘 다뤄 영토를 두만강까지 넓혀 놓았다. 그러나 태종 때 끊임없는 침략에 시달리다가 다시 남쪽으로 국경을 옮기고 말았다.

세종은 나라 안이 어느 정도 안정되자 북쪽으로 눈길을 돌렸다. 먼저 압록강 유역을 정리하기로 했다.

'누구를 북쪽으로 보낼까? 거친 여진족을 상대하기에 누가 적임자일까?'

세종은 최윤덕을 선택했다. 최윤덕은 평안도 절제사로 부임했다. 평안도 절제사는 조선의 북서쪽, 압록강을 지키는 국경 수비대의 총사령관이었다.

'어디 올 테면 오거라. 다시는 조선의 땅을 넘볼 수 없도록 나 최윤덕이 뜨거운 맛을 보여 주마.'

최윤덕이 평안도 절제사로 근무하던 6년 동안 사납기로 유명했던 압록강 부근의 여진족은 감히 조선 국경을 침범할 엄두를 내지 못했다. 사정이 생겨 잠시 자리를 비운 사이 여진족이 백성들을 약탈한다는 소식을 들은 최윤덕은 바람처럼 압록강으로 달려가 여진족을 내몰았다. 그리고 이천 등과 함께 함경도의 북쪽 중강진 지역에 4개의 군을 개척했다. 최윤덕은 세종이 아무리 한성으로 불러올려도 듣지 않고 죽을 때까지 변방의 장수로 남았다.

세종은 두만강 근처의 여진족도 멀리 밀어내고 싶었다. 드디어 좋은 기회가 왔다. 여진족 사이에 내분이 일어나 서로 싸우기 시작한 것이다. 세종은 김종서를 불렀다.

"이참에 두만강 유역을 찾아야겠소. 그대를 함길도 도절제사에 임명할 테니 두만강 유역을 찾고 백성들이 편안하게 살피도록 하시오."

호랑이 장군으로 불리던 우직한 김종서는 마흔이 넘은 나이에 젊은 사람들도 어렵다는 변방의 장수 역할을 훌륭히 해냈다. 여진족과 싸우는

〈야연사준도〉
김종서가 여진족을 격퇴하고 6진을 설치한 뒤 함경도에 있을 때를 그린 그림이다.

일은 되도록 피했으나 한번 전쟁터에 나가면 절대로 지는 법이 없었다. 여진족 추장들이 부하들에게 김종서와 싸우지 말라고 당부할 정도였다. 두만강 유역이 서서히 안정되어 가자 김종서는 세종에게 편지를 썼다.

전하, 이 땅을 우리 영토로 만들려면 백성들이 옮겨 와 살도록 하는 것이 좋겠습니다……

김종서가 변방으로 간 뒤로 15년이 지났을 때 두만강 부근에는 6개의 마을이 모습을 갖추었다. 6진이라 불린 종성, 회령, 경원, 경흥, 온성, 부령은 여진족을 두만강 북쪽 저편으로 몰아내고 세운 조선 고을이었다.
김종서는 국경을 지키는 장수의 힘찬 기상을 시조로 표현하기도 했다.

삭풍은 나무 끝에 불고 명월은 눈 속에 찬데
만리 변경에 일장검 짚고 서서
긴 파람 큰 한소리에 거칠 것이 없어라.

4군과 6진
세종 때에는 여진족에 맞서 4군와 6진을 개척했다.

이렇게 압록강과 두만강으로 조선의 북쪽 국경이 정해졌다. 침략해 오는 여진족은 무력으로 토벌했지만, 조선 땅에서 살기를 원하는 자는 받아들여서 농토와 살 집을 주고 조선 사람이 되도록 했다. 여진족의 추장을 조선의 관리로 삼기도 했다.

조선은 일본과 여진족을 조선이 돌보고 관대하게 사귀어야 할 나라로 여겼다. 그래서 때로는 힘과 군사력으로, 때로는 부드럽고 노련한 협상으로 외교 관계를 풀어 나갔다.

자격루를 만든 장영실

어느 날 세종이 공조 참의인 정초를 불렀다. 가장 높은 행정 관청인 6조 가운데 공조는 기술, 건축, 공예, 금속에 대한 일을 맡아보는 부서였다. 세종은 세자 시절 정초에게 학문을 배우면서 유학뿐 아니라 여러 학문을 깊이 공부한 그를 매우 좋아했다. 정초는 어떤 책이든 한번 보면 다 외워버리는 수재로도 이름이 높았다.

세종이 정초에게 물었다.

"경은 지금 우리에게 가장 필요한 기계가 무엇이라고 생각하시오?"

정초가 대답했다.

"시계가 꼭 필요합니다. 제대로 된 시계가 없어서 관리들이 일을 하는 데 어려움이 많습니다. 어제도 물시계를 지키던 관리가 깜빡 졸아서 종 칠 시간을 두어 식경이나 놓쳤다고 들었습니다."

"나는 그대가 자동 물시계를 제작해 보는 게 어떨까 하오. 자동 물시계는 매우 정확하다고 들었소."

자동 물시계 제작은 최첨단 과학 지식과 기술이 필요한 어려운 작업이었다. 정초가 대답했다.

"예 전하. 그런데 자동 물시계를 만들려면 뛰어난 기술자가 있어야 합니다. 전국에 수소문해 그런 기술자를 뽑을 수 있도록 해 주십시오."

세종은 정초의 말을 듣고 장영실을 떠올렸다. 장영실은 원래 동래의 관노비였는데, 손 기술이 워낙 뛰어나다는 소문이 나서 태종의 부름을 받고 한성에 들어와서 장신구나 생활용품을 만드는 일을 하고 있었다.

정초는 장영실을 만났다.

"시계의 원리를 알려 주고 설계도를 그려 주면 만들 수 있겠느냐?"

"아는 것은 별로 없지만 손으로 만드는 것은 뭐든 할 수 있습니다."

세종은 정초의 부탁을 받아들여 중국으로 가는 사신 행렬에 장영실을 딸려 보냈다. 장영실은 그 덕분에 물시계를 직접 보고 공부할 수 있는 좋은 기회를 얻었다.

장영실은 천문학에 밝은 사람을 만나 이야기도 나누고, 필요한 책을 구하기도 했다. 그러나 중국의 유명한 천문학자 곽수경이 만들었다는 간의를 볼 수가 없었다. 간의는 밤하늘의 여러 현상과 별들의 움직임을 관측하는 정교한 기구였다.

'간의를 꼭 보고 가야 할 텐데……'

중국 관리가 허락을 하지 않자 장영실은 간곡히 사정했다.

"딱 한 번만 보여 주십시오. 조선에서 여기까지 왔는데 중국 제일의 보물인 간의를 보고 가야, 돌아가서 사람들에게 으스대며 자랑할 수 있지 않겠습니까? 저는 어리석고 재주가 부족해 간의를 봐도 뭐가 뭔지 잘 모릅니다요. 꼭 한 번만 보게 해 주십시오."

장영실의 끈기와 고집에 마침내 중국 관리도 두 손을 들고 말았다. 장영실은 간의를 세세하게 관찰하고 머릿속에 그려 넣어 기억했다. 장영실은 중국에서 해시계에 대해서도 공부하고 돌아왔다.

그는 여러 번의 실패를 겪으며 시행착오를 거듭한 끝에 5년 만에 자동 물시계인 자격루 제작에 성공했다. 하루 온종일 사람이 지킬 필요 없이

자격루
자동으로 종·북·징을 쳐서 시간을 알려 주는 물시계이다. 사진은 중종 때 새로 만든 자격루인데, 원래 모습은 아니고 일부만 남아 있다.

측우기
비가 내린 양을 재는 기구로, 1441년에 세계 최초로 만들었다.

스스로 움직이고 때가 되면 여러 인형이 소리를 내어 시간을 알려 주는 자동 물시계였다.

세종은 크게 기뻐했지만 그것에 만족하지 않고 해시계, 별시계 등 더욱 정교하고 정확한 시계와 하늘을 관측할 수 있는 도구를 만들도록 했다. 그리고 서운관에서 천체의 움직임을 살피고 일식이나 월식, 중요한 별들의 움직임을 예측하는 일을 하도록 했다. 물론 손재주 좋은 기술자이자 뛰어난 과학자인 장영실이 큰 역할을 했다.

갑인자 인쇄본
1434년에 만든 구리 활자로, 활자는 현존하지 않고, 인쇄본만 전한다.

앙부일구
하늘을 올려다보는 솥 모양의 해시계이다. 그림자의 위치와 길이에 따라 시간과 절기를 모두 알 수 있도록 했다.

장영실은 책을 빠르게 인쇄할 수 있는 기술을 개발하고 아름다운 활자인 갑인자를 만들어 내는가 하면, 측우기를 만드는 일에도 참여했다.

장영실은 과학 발전에 크게 기여한 공로로 천민 출신으로는 꿈도 꾸기 어려운 높은 지위에까지 올랐다. 그런데 그가 감독해 만든 가마를 타고 가던 세종이 사고를 당했다. 왕을 태운 가마가 부서졌던 것이다. 그 무렵 세종은 세자에게 대신 나랏일을 맡겨야 할 정도로 건강이 좋지 않았다. 제 아무리 임금의 총애를 받는 장영실이라 해도 죄를 피할 수 없었다. 장영실은 30년 동안의 찬란한 공을 뒤로하고 하루아침에 불경죄를 저지른 죄인이 되어 곤장 80대를 맞고 멀리 내쳐지고 말았다.

백성을 근본으로 삼는 정치

세종은 죄지은 백성을 용서해 풀어 주고 착하게 살 수 있는 기회를 주었다. 가뭄이나 홍수로 흉년이 들면 고기반찬을 멀리하는 등 백성의 고통을 함께하려고 노력했다. 대궐 밖으로 행차할 때에도 수레를 끄는 말이 백성의 곡식이나 재산에 손해를 입히지 않도록 조심했고, 손해를 입히면 꼭 그 이상으로 갚아 주도록 했다. 해마다 곳곳에서 여든 살이 넘은 노인을 위한 잔치를 열어 나라가 앞장서 어른을 공경하는 일에도 모범을 보였다.

그러나 고을을 다스리는 수령에게는 아주 엄격했다. 만일 수령이 일을 게을리해서 백성들이 제때 씨앗을 뿌리지 못해 농사를 망치거나 가난한 백성들에게 곡식을 나눠 주지 않아서 굶어 죽는 백성이 생기면 무거운 벌을 내려서 다스렸다. 백성 한 명이라도 굶어 죽으면 관찰사와 수령을 모두

《농사직설》
전국의 경험 많은 농부들의 증언을 토대로 정초 등이 정리해 편찬했다.

처벌하겠다는 왕명도 내렸다.

무엇보다도 농업을 발전시켜 백성들이 배불리 먹고 편안하게 살도록 하려고 애썼다. 정초를 시켜《농사직설》을 편찬한 것도 그 때문이다.

"모름지기 벼슬하는 사람들이 나라의 근본인 농업에 대해 몰라서야 되겠는가?"

세종은《농사직설》을 전국의 수령들에게 보냈을 뿐 아니라 한성부의 관리들도 반드시 읽도록 했다.

어느 날 세종은 모두가 깜짝 놀랄 만한 명을 내렸다.

"모든 법전을 이두로 번역해 백성들이 읽을 수 있도록 하시오!"

이두는 통일 신라 시대에 설총이 한자의 음을 빌려 만든 글자로 한자보다는 배우기 쉬웠다.

이조 판서 허조가 당장 반대를 하고 나섰다.

"전하, 백성들이 법을 알게 되면, 간악하게 법을 피해 더 많은 죄를 지을 것입니다."

세종이 대답했다.

"그렇다면 백성들이 자기가 잘못을 저지르는 줄도 모른 채 죄를 짓고 감옥에 갇히는 일에 대해서는 어떻게 생각하시오?"

"그, 그것은……."

"만일 백성이 간악하다면 그것은 모두 나와 그대들의 잘못이오."

결국 법전을 이두로 번역했지만, 백성 대부분은 이두조차 쓰지 못했기 때문에 여전히 법의 내용을 몰랐다.

'으음, 안 되겠다. 모두가 쉽게 읽을 수 있는 문자를 내가 직접 만들어야겠다.'

오래전부터 세종은 누구나 쉽게 배울 수 있는 문자가 필요하다고 생각해 왔다. 한자는 어려운 데다 수만 글자가 넘어, 10년 이상을 공부해야만 겨우 읽고 쓸 수 있었다. 그렇다 보니 이른 아침부터 늦은 저녁때까지 농사짓고 일해야 하는 백성들은 제대로 배울 수가 없었다. 책은 물론이고, 나라에서 법을 만들어 알리고자 큼직한 벽보를 붙여도 무슨 뜻인지 모르는 백성이 허다했다.

드디어 세종은 새로운 문자를 만들기 위한 연구에 몰두했다. 우리말의 소리를 그대로 적을 수 있는 문자라면 백성들도 쉽게 배울 수 있다고 생각한 것이다. 중국과 일본, 몽골, 여진족 등 여러 나라에서 언어에 관한 책을 구해 와 열심히 공부했다. 연구를 시작하고 7년여의 시간이 흐른 1443년 12월, 드디어 새로운 문자가 완성되었다.

'드디어 만들어 냈구나. 이제 집현전 학사들에게 보이고 부족한 부분을 찾도록 해야겠다.'

세종은 새로 만든 문자를 집현전 학사들에게 보여 주었다. 그런데 세종의 기대와 달리 많은 집현전 학사가 새로운 문자를 반포하는 것에 반대했다. 집현전 부제학 최만리와 젊은 학사들이 편전 앞뜰에 꿇어 엎드려 세종에게 고했다.
　"전하, 이미 한자를 사용하고 있는데 굳이 또 다른 문자를 만들 필요는 없을 듯하옵니다."
　"한자는 원래 중국의 것을 빌려 쓰는 것이고 우리 발음과 달라 백성들이 사용할 수가 없지 않소?"
　최만리도 물러서지 않았다.

《훈민정음》
'백성을 가르치는 바른 소리'라는 뜻의 훈민정음은 우리말의 모든 소리를 적을 수 있는 과학적인 문자이다. 창제자와 창제 시기가 정확히 알려져 있는 세계 유일의 문자이다.

"이미 수천 년 동안이나 써 온 한자를 버리고, 이상스러운 문자를 새로 만들어 사용하는 나라는 몽골이나 거란, 일본 같은 오랑캐뿐이옵니다. 조선을 오랑캐의 나라로 만들 수는 없사옵니다."

세종은 화가 머리끝까지 치밀었다.

"그럼, 백성들은 영영 글을 모른 채 살아가야 한단 말이오?"

"그래도 전하께서 만든 문자는 이상하고 천박합니다."

"그것은 잘 모르고 하는 소리요. 글자는 간단하고 쉬워야 하오."

"천한 백성들이 글자를 알게 되면 선량함을 잃고 오만해져 선비를 함부로 알아 다스리는 데 어려움이 따를 것이옵니다."

훈민정음 반포

최만리를 비롯한 집현전 학사들의 계속된 반대에도 불구하고 세종은 정인지와 신숙주 등의 도움을 받아 1446년 9월, 훈민정음을 반포했다. 우리말을 소리 나는 대로 옮길 수 있는 닿소리와 홀소리, 모두 28자였다.

정인지와 권제, 안지는 훈민정음으로 〈용비어천가〉를 지어 올렸다. 훈민정음으로 만든 첫 작품으로 조선 왕조의 창업을 찬양하고 왕실 조상들의 덕을 기리는 내용이었다.

> 우리나라에 여섯 용(임금)이 오시어 하시는 일마다
> 하늘이 복을 내리셨습니다.
> 뿌리 깊은 나무는 바람에 흔들리지 않으니
> 꽃이 좋고 열매가 많습니다.
> 샘이 깊은 물은 가뭄에 마르지 않으니
> 내를 이루어 바다로 흘러갑니다.

〈용비어천가〉는 세종의 마음에 꼭 들었다. 훈민정음이 제대로 쓰일 수 있다는 사실도 확인했고, 조선 건국을 하늘의 뜻이라 한 것도, 뿌리 깊은 나무, 샘이 깊은 물이라고 표현한 것도 아주 마음에 들었다.

세종은 백성들에게 유교의 가르침을 펴는 데도 열심이었다. 진주에 사는 어떤 사람이 아버지를 살해한 일을 보고 받은 세종은 백성들에게 효행이 얼마나 중요한지 가르쳐 주고 싶었다.

《삼강행실도》
집현전 부제학 설순 등이 왕명에 따라 편찬한 책이다. 조선과 중국의 책에서 충신·효자·열녀를 각각 35명씩 뽑아 그 행적을 그림과 글로 칭송했다.

그래서 집현전 학사들에게 명해 《삼강행실도》를 펴내도록 했다.
"임금과 신하 사이, 부모와 자식 사이, 남편과 아내 사이에 마땅히 지켜야 할 옳은 행실을 알려 준다면 조선은 훌륭한 아내, 효성스러운 아들이 많은 아름다운 나라가 될 수 있을 것이오."
집현전 학사들이 우리나라와 중국의 충신과 효자, 열녀 이야기를 모으고, 뛰어난 화가들이 이야기 내용을 아주 자세한 그림으로 그렸다. 여기에

1 새로운 나라 조선 · **71**

한자로 설명 글과 짤막한 시를 덧붙였다. 《삼강행실도》는 훈민정음을 만들기 10년 전쯤에 처음 출간되었고, 훗날 백성들이 쉽게 읽을 수 있도록 훈민정음 해설을 덧붙였다.

　세종은 어느 날 수양 대군을 불렀다.

　"부처님 말씀을 훈민정음으로 적은 책을 하나 만들어 줘야겠구나. 세상을 떠난 네 어머니의 넋을 기리고 극락왕생을 빌고 싶다."

　"하지만, 불교라면 치를 떠는 대신들의 반대가 심할 텐데요."

　"나라 법으로야 불교를 멀리한다지만, 천 년 넘게 이어 온 부처님에 대한 믿음까지 어떻게 할 수 있겠느냐."

　수양 대군은 아버지 세종의 뜻을 받들어 훈민정음으로 부처님의 일생과 가르침을 적은 책을 지었다. 그렇게 탄생한 책이 《석보상절》이다.

　세종은 훈민정음을 백성들에게 널리 알리고 싶었지만 벼슬아치나 양반들은 이에 반대했다. 그들은 백성들이 애초부터 타고난 품성이 미천해서 글을 배워도 아무 소용이 없다고 여겼다. 세종이 세상을 떠난 뒤에 훈민정음은 '언문'이라 불리며 푸대접을 받았다. 왕실의 여자들이 편지를 주고받거나 낮은 관리들이 문서를 작성할 때 조금 쓰는 정도였다. 높은 벼슬을 하거나 힘 있는 자리에 오르려면 여전히 한자를 배우고, 한자로 된 책을 공부해야만 했다. 백성을 괴롭힌 왕과 관리를 흉보는 훈민정음 벽보가 여기저기 나붙자 아예 사용을 금지하기도 했다.

　하지만 훈민정음은 끈질긴 생명력을 지니고 있었다. 훈민정음을 읽고 쓸 줄 아는 사람들이 조금씩 늘어나 창제 후 300년이 지났을 무렵에는 훈민정음으로 쓰인 소설이 백성들 사이에서 널리 읽히고 유행했다.

훈민정음, 조선 사람들의 삶 속으로 들어가다

훈민정음은 시간이 지날수록 사람들의 삶 속에 깊이 뿌리내렸다. 머릿속에 떠오르는 말을 그대로 적을 수 있었던 훈민정음으로 사람들은 자신의 생각을 마음껏 표현하고 함께 나눌 수 있었다. 암클, 언문, 정음, 국문 등 여러 이름으로 불리다가 1920년경부터 '크다'라는 뜻의 '한'을 붙여 '한글'이라고 불렀다.

현종의 편지
시집간 셋째 딸 명안 공주에게 현종이 보낸 한글 편지이다. 아버지의 따스한 정이 묻어난다.

한글이 새겨진 백자 자기
한글은 조선 후기에 납품되었던 백자나 유기에도 쓰였다.

《사씨남정기》
조선 후기 숙종 때 서포 김만중이 쓴 한글 소설이다. 인현 왕후를 쫓아낸 숙종의 잘못을 빗대어 쓴 소설로 많은 사람에게 사랑을 받았다.

《용비어천가》
조선 왕조의 창업을 기려 찬양한 서사시로, 최초로 만들어진 한글 책이다.

《홍길동전》
광해군 때 허균이 지은 최초의 한글 소설이다. 조선 사회의 잘못된 점을 꼬집어 비판한 내용으로 조선 후기에는 대량 인쇄를 위한 방각본으로 만들어졌다.

문화재를 찾아서

성문 이름에도 유교의 가르침을 담아

우리나라 국보 1호 숭례문은 조선 시대 한성부 도성을 둘러싸고 있던 성곽의 정문으로 남쪽에 있다고 해서 남대문이라고도 불린다. 우리가 친근하게 여기는 대표적인 문화재, 숭례문은 새로 지어진 것이다. 2008년 2월 10일, 큰불이 나서 나무로 된 전각 부분이 모두 불타 버렸기 때문이다. 한성이 건설될 때 만들어진 뒤로 600년의 세월이 흐르는 동안 여러 차례 부서지기는 했어도 완전히 망가진 적은 없었는데, 정말 안타까운 일이 아닐 수 없다.

  한성은 지금의 서울보다 훨씬 작았다. 높은 성벽을 사방에 둘러싸며 쌓았고, 동서남북 네 곳에 4개의 큰 문을 내고, 그 사이사이에 작은 문을 냈다. 조선 시대의 한성은 성벽의 안쪽을 뜻했다.

  4개의 대문 가운데에서도 정문이었던 남대문이 가장 크고 중요했다. 백성들이 가장 많이 드나들었을 뿐만 아니라 중국과 일본에서 온 사신 일행도 이 문을 지나갔다. 숭례문이 서 있는 곳에서 동쪽으로 가면 흥인문이라 불린 동대문을 만날 수 있다. 또 서쪽으로 가면 돈의문, 즉 서대문이 있던 터가 있다.

흥인문
우리나라의 보물 1호로 한성 동쪽 성곽에 만든 문이다. 유일하게 옹성을 갖춘 모습을 하고 있다. 외적이 쳐들어왔을 때 성문을 지키기 위해 만들었다고 한다.

숭례문
화재로 소실되기 이전의 숭례문의 모습이다.
지금까지 남아 있는 성문 가운데 규모가 가장 크다.

4개의 문에 붙여진 이름에는 유교의 정신이 담겨 있다. 숭례문에는 조선이 예의를 숭상하는 나라가 되어야 한다는 뜻을 담았다. 동대문은 흥인문 또는 흥인지문이라고 했는데 어진 기운, 어진 마음이 백성들에게 일어나기를 바라는 마음을 담았다. 돈의문은 의로움을 두텁게 한다는 뜻이고, 북쪽의 숙정문은 밝고 지혜롭다는 뜻이었는데 지금은 남아 있지 않다.

숭례문, 흥인문, 돈의문, 숙정문에는 한성 사람, 조선 백성 모두가 평화롭고 아름다운 나라에서 살기를 바라는 마음이 담겨 있었다.

숭례문 현판
태종의 아들이자 세종의 형인 양녕 대군의 글씨라고 전해지지만 다른 사람이 썼다는 의견도 있다.

1450년
1455년 수양 대군 즉위
1456년 사육신 처형
1458년 진관 체제 실시

1460년
1460년 《경국대전》 중 〈호전〉 완성
1467년 이시애의 난
1469년 성종 즉위

2

유교 국가의 틀을 갖추다

1480년
1481년 《삼강행실도》 한글로 번역
1485년 《경국대전》 완성

1470년
1470년 불교식 화장 풍속 없앰
1478년 서거정, 《동문선》 편찬

용상의 주인이 바뀌다

소년 국왕, 단종

세종은 쉰넷의 나이로 눈을 감았다. 문종이 아버지의 뒤를 이어, 어진 정치를 펴는 데 온 힘을 다했다. 그러나 국왕의 막중한 일을 담당하기에는 문종의 건강이 너무나 좋지 않았다.

자신이 오래 살지 못할 것을 깨달은 문종은 성삼문과 김종서, 황보인, 박팽년, 신숙주 등을 조용히 불렀다.

"나는 오래 살지 못할 것 같소. 어린 세자가 왕위에 오르면 어려운 일이 많을 것이니, 꼭 지켜 주시오."

문종은 보위에 오른 지 2년 3개월 만에 병석에 눕고는 다시 일어나지 못했다.

"우리 임금님께서 어찌 이리 빨리 가신단 말인가!"

"하늘도 무심하시지. 이제 겨우 열두 살 되신 세자 저하가 딱해서 어떡하나!"

"태어난 지 이틀 만에 어머니를 잃고, 할머니도 안 계시는데, 누가 우리 세자 저하, 어린 새 임금님을 지켜 드릴 수 있을까?"

그래도 열두 살 소년의 몸으로 국왕이 된 단종은 마음을 꿋꿋하게 다잡았다. 할아버지 세종과 아버지 문종을 도왔던 김종서, 황보인이 그림자처럼 따라다니며 소년 국왕을 지켰다. 그렇지만 이를 못마땅히 여기는 사람들도 있었다.

'너무 큰 힘을 가졌어.'

수양 대군은 황보인과 김종서를 의심의 눈초리로 바라보았다. 장차 두 사람이 어린 왕을 앞세워 제멋대로 나라를 움직일까 걱정했다. 김종서와 황보인도 드러내 놓고 수양 대군을 경계했다. 혹시나 수양 대군이 왕이 되려는 마음을 먹을까 봐 눈을 부릅뜨고 지켜 보았다. 그런 가운데 사람들이 수양 대군 쪽으로 하나둘씩 조용히 모여들었다.

홍윤성, 홍달손, 한명회는 수양 대군의 집을 쉴 새 없이 드나들었다. 이들도 황보인과 김종서 등이 큰 힘을 갖게 된 것이 불만스러웠다. 수양 대군과 손잡고 세상을 호령해 보고도 싶었다.

수양 대군은 특히 한명회를 아끼고 믿었다. 한명회는 서른여덟이 될 때까지 경덕궁 문지기라는 하찮은 벼슬을 지냈다. 그렇지만 한명회는 술수에 능하고 세상 돌아가는 일을 꿰뚫어 살필 줄 아는 안목을 가진 자였다. 게다가 천하를 손에 넣고 싶은 야망을 감추고 있었다.

수양 대군은 한명회의 능력을 한눈에 알아보고 늘 곁에 두었다. 한명회는 기대에 어긋나지 않았다. 수양 대군이 위기에 처할 때마다 기막힌 계책을 내놓았다.

"대군마마, 우리가 힘을 얻으려면 군사권을 가진 김종서부터 제거해야 합니다."

한명회가 수양 대군에게 속삭였다.

"늙은 여우같이 눈치가 빠른 그 자를 어떻게 제거할 수 있겠나?"

김종서는 정치 경험이 많아 눈치도 빠르고 판단도 정확했다. 게다가 여진족을 토벌하는 등 나라를 위해 큰 공을 세워 백성들의 존경을 한 몸에 받고 있었다.

수양 대군이 보기에 아직은 때가 아니었다. 서두르다가 일을 망칠 수도 있었다. 그래서 수양 대군은 스스로 명나라 사신으로 갈 것을 청했다. 김종서는 먼 길을 자청한 수양 대군을 별로 의심하지 않았다. 수양 대군은 신숙주와 함께 가면서 그를 자기편으로 만들려고 애썼다.

조카의 왕위를 빼앗다

여섯 달이 흘렀다. 명나라에서 돌아온 수양 대군은 어느 날 해 질 무렵 관복을 차려입고 김종서의 집으로 갔다. 수하 무사인 홍달손, 양정, 유수, 세 사람이 옷소매 속에 무시무시한 철퇴를 하나씩 감추고 뒤를 따랐다. 김종서의 아들이 나와서 일행을 맞이했다.

"자네 아버님께 긴히 드릴 말씀이 있네. 해가 지기 전에 대궐에 들어가야 하니, 잠시 대감께서 밖으로 나오셨으면 하네만……."

잠시 후 김종서가 문을 열고 나왔다.

"무슨 일이십니까?"

"영응 대군 부인이 탄핵을 당한 일로 의논을 드리러 왔습니다."

그때 수양 대군의 관모에서 뿔이 떨어졌다. 미리 계획된 일이었다. 김종서는 아들에게 새 관모를 가져오라고 시켰다. 김종서의 아들이 집 안으로 사라지자마자 수양 대군의 눈동자가 번쩍하고 빛났다. 그 순간 세 사람의 무사가 일제히 김종서에게 철퇴를 날렸다. 순식간의 일이었다. 비명 소리를 듣고 뛰쳐나온 김종서 아들의 가슴에도 단도가 날아와 박혔다. 어이없는 김종서의 최후였다.

수양 대군은 대궐로 들어가 단종을 만나 역모가 있었다고 아뢰었다.

"도대체 누가 역모를 일으켰단 말입니까?"

단종이 물었다.

"김종서와 황보인이 전하를 내쫓고 안평 대군을 보위에 앉히려 시도했습니다."

수양 대군은 자신에게 반대하는 사람들을 역모로 몰아서 죽이고 쫓아냈다. 동생 안평 대군에게도 역모의 죄를 뒤집어씌워 강화도로 유배보냈다가, 얼마 뒤 사약을 내렸다.

이제 수양 대군은 영의정이 되었다. 게다가 이조 판서와 병조 판서까지 겸해 나라의 모든

김종서 집터

김종서는 세종 때 6진을 개척하는 등 큰 공을 세웠고, 문종에게 단종의 보좌를 부탁받았으나 수양 대군 세력에게 피살당했다. 그의 집터는 서울 중구 농업 박물관 자리에 있다.

살림살이가 모두 그의 손을 거쳤다.

 수양 대군이 왕과 다름없는 권력을 쥘수록 단종은 점차 초라한 허수아비와 다를 바 없이 되어 갔다.

 "이젠 어쩔 수가 없다. 내가 왕의 자리에 있으면 죄 없는 사람들만 죽어 나갈 뿐이야. 수양 숙부의 뜻이 옥좌에 있다면 순수히 내주는 것이 모두를 살리는 길이다."

 드디어 단종이 무겁게 입을 열었다.

 "과인은 아직 어리고 부족해 국왕의 임무를 다할 수가 없으니 숙부께서 옥새를 대신 맡아 주시오."

 수양 대군은 바닥에 꿇어 엎으려 울면서 사양했다.

 "그 무슨 망극한 말씀이십니까. 신이 제대로 받들지 못한 죄가 하늘에 닿을 만큼 큽니다."

 "아닙니다. 과인의 결심은 이미 분명하니, 더 이상 사양치 마시오. 동부승지는 어서 옥새를 전하라."

백성이 편안한 나라를 향해

단종의 죽음

단종이 왕위에서 물러났다는 소식이 퍼지자 관직에서 물러나는 사람들이 줄을 이었다. 과거 시험을 준비하던 성균관 학생들 중에는 고향으로 내려가 버리는 자도 있었다.

"숙부가 조카의 왕위를 빼앗는 세상에서 벼슬은 해서 무엇하리!"

직제학 벼슬을 하던 원호는 수양 대군의 신하가 될 수 없다며 사직서를 던지고 고향으로 돌아가 버렸고, 교리 벼슬을 하던 성담수도 시골로 내려갔다. 이맹전은 세상이 잘못 돌아간다고 한탄하면서 귀먹고 눈먼 척하며 죽을 때까지 사람을 사귀지 않았다고 한다.

창덕궁에서 불안한 나날을 보내던 단종 곁으로 조용히 사람들이 드나들었다. 겉으로는 단종을 위로하는 것처럼 보였지만 안에서는 엄청난 일이 꿈틀대고 있었다. 성삼문, 박팽년 등 몇몇 사람이 단종의 왕위를 되찾기 위한 거사를 은밀히 꾸미기 시작한 것이다.

세조의 즉위를 축하하려고 오는 명나라의 사신 환영 잔치에서 칼춤을 추다가 새 왕과 세자를 죽이고 단종을 복위시킨다는 계획이었다. 성공하면 단종이 다시 옥좌에 앉겠지만, 만일 실패한다면 자신들이 죽는 것은 물론 단종 또한 역모의 우두머리가 되어 목숨을 지키기 어려울 터였다.

　눈치 빠른 한명회가 심상치 않은 낌새를 느끼고 축하 연회에서 칼춤을 추지 못하도록 했다. 계획이 틀어질 기미가 보이자 배신자가 나오고 말았다. 김질이라는 자가 한밤중에 영의정 정창손을 찾아가 거사 계획을 털어놓고 말았다.

　"여봐라, 의금부에 명해 역모에 가담한 자들을 모두 잡아들여라!"
　"너희가 역모를 꾀했느냐?"

　서릿발 같은 세조의 질문에 성삼문이 차분하게 대답했다.

　"우리는 나라를 도둑질한 나리를 내쫓고 잘못된 나라를 바로잡으려고 했을 뿐이오."

　세조는 기가 막히면서도 한편으로 뜨끔했다.

　"신하가 어찌 임금을 쫓아내려고 하느냐?"
　"나리, 충신은 두 임금을 섬기지 않는 법입니다. 나리는 삼강오륜의 군신유의도 모르시오? 임금과 신하는 서로 의리를 지켜야 하는 법, 우리는 세종과 문종 대왕께 상왕 전하를 지키겠노라 목숨을 걸고 맹세했소."
　"저놈이 누구더러 나리, 나리 하는 거냐? 내가 주는 녹봉을 받았으니, 너는 내 신하가 아니냐?"

　성삼문이 눈을 부릅뜨고 대답했다.

　"나는 상왕의 신하이지 나리의 신하가 아니오. 나리가 준 녹봉은 내 집

성삼문과 박팽년이 나눈 편지
성삼문과 박팽년은 집현전 학사 출신으로, 목숨을 바쳐 군신의 의리를 지킨 선비로 칭송받는다.
단종 복위를 꾀하다 처형당했다. 왼쪽이 박팽년의 편지이고 오른쪽이 성삼문의 편지이다.

창고에 쌓여 있으니 가서 보시오. 단 한 톨도 축내지 않았소이다."

뼈와 살이 으스러지도록 매를 치고 고문을 해도 소용이 없었다. 박팽년, 이개, 하위지, 유성원, 유응부 모두가 마찬가지였다. 세조는 두려움과 분노로 파들파들 몸을 떨었다. 그러면서도 진심으로 그들이 아까웠다.

'그대들은 이 나라를 위해 일할 인재들이건만…… 부왕께서 만드신 집현전에서 함께 공부하던 일을 기억하지 못하는가?'

세조는 마음속으로 눈물을 흘렸다.

'저들은 살아서는 역적이지만, 죽어서는 충신이 되겠구나.'

결국 박팽년이 심한 고문을 받다가 옥중에서 죽었다. 다른 사람들은

사육신 사당
단종의 복위를 꾀하다 처형된 성삼문, 박팽년, 하위지, 이개, 유성원, 유응부를 사육신이라고 한다. 이들을 모신 사당이 서울 노량진에 있다.

새남터 형장으로 끌려 나갔다. 죽음을 재촉하는 북소리를 들으며 힘겹게 걸음을 옮기던 성삼문이 해가 지는 인왕산 쪽을 바라보았다.

'저승에서 세종 대왕과 문종 대왕을 무슨 낯으로 뵐 것인가……'

둥둥둥 북소리 사람 목숨 재촉하는데
머리 돌려 보니 해 뉘엿뉘엿 저무네.
먼 황천길 주막 하나 없으려니
나는 오늘 밤 뉘 집에서 묵어갈거나.

형장으로 끌려간 사람들은 사지를 찢기는 참혹한 형벌을 받았다. 이들의 재산은 숟가락 하나까지 철저하게 빼앗겼다.

이들 가문의 남자들은 모두 죽임을 당했으며 여자들은 관노비가 되어 지방 관아로 끌려갔다. 형벌을 받은 사람이 70여 명에 이르고 자살한 사람과 유배된 사람은 헤아릴 수 없을 정도로 많았다. 훗날 사람들은 성삼문, 이개, 하위지, 박팽년, 유응부, 유성원을 '사육신'이라고 부르고 충절의 상징으로 여겼다.

삼각산 중흥사에서 공부를 하다가 이 기막힌 소식을 들은 김시습은 공부하던 책을 모두 불태워 버렸다. 김시습은 토막 난 사육신의 시신을 거두어 한강 건너편 언덕, 지금의 노량진에 고이 묻어 주었다.

김시습과 《금오신화》
조선 전기의 학자로 탁월한 문장가였다. 생육신의 한 사람으로, 세조 즉위 후 벼슬을 버리고 자연 속을 떠돌면서 《금오신화》 등을 썼다.

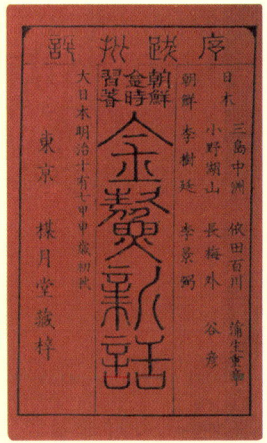

그는 어릴 적 세종을 놀라게 한 천재였지만, 세조가 왕이 되자 정치에 뜻을 버리고 자연 속을 떠돌며 살았다. 그를 아끼는 사람들이 벼슬을 아무리 권해도 평생 산속에 묻혀 살았으며 불교와 유교를 아우르는 탁월한 글을 써서 남기기도 했다.

단종의 운명도 내리막길을 달렸다.

"상왕은 역모의 우두머리입니다. 상왕을 폐하시옵소서."

세조는 단종을 노산군으로 낮춰 부르도록 하고, 강원도 영월로 귀양을 보냈다. 영월은 너무나 궁벽한 외딴 시골이었다. 한 나라의 왕이 죄인이 되어 유배를 가는 것은 조선 왕조가 열리고 처음 있는 일이었다.

단종은 쓸쓸하게 궁을 떠나 강원도로 향했다. 그리고 사람이 살지 않을 정도로 깊은 산골짜기인 영월의 청령포에 갇혔다. 청령포는 삼면이 시퍼런 강으로 둘러싸이고 한쪽은 깎아지른 절벽이었기 때문에 날아가는 새만이 드나들 정도로 외진 곳이었다.

단종이 청령포에서 눈물로 세월을 보내고 있을 때, 세종의 여섯째 아들 금성 대군이 단종의 복위를 계획했다가 실패했다. 금성 대군은 경상도 순흥으로 귀양 갔다가 사약을 받았다.

한명회 등은 날마다 노산군을 죽여 없애라고 목소리를 높였다. 세조가 내려보낸 사약을 가지고 금부도사가 멀고 먼 영월 땅에 도착했다.

단종은 끝내 사약을 받지 않고 방으로 들어가 문을 잠갔다. 그러고는 숙부가 보낸 사약을 마다하고 스스로 목숨을 끊었다. 그때 단종의 나이 열일곱 살이었다.

"노산군의 시신을 동강에 던져 버리고 거두지 말라. 이를 어기는 자는 삼대를 잡아 죽일 것이다!"

단종을 모시던 사람들도 시퍼런 동강의 물살에 몸을 던졌다.

단종은 죽은 뒤에도 오랫동안 죄인의 신분으로 남아 노산군으로 불렸다. 200년도 더 지나 숙종 때에 이르러서야 단종이라는 이름으로 높여져 한때나마 왕이었던 명예를 되찾을 수 있었다.

훈구 대신의 등장

세조는 안평 대군, 금성 대군, 노산군을 비롯해 셀 수 없이 많은 사람을 저세상으로 보냈다. 비명에 죽은 사람들이 떠오르면 미칠 듯이 괴로웠다. 게다가 그런 왕을 바라보는 백성들의 시선도 곱지 않았다.

"어떻게 그럴 수가 있나. 조카를 죽이고 왕위를 차지하다니……."

"난 한명회나 신숙주 같은 자가 더 밉네!"

세조를 이해하려는 사람들도 적지 않았다.

"수양 대군이 왕위에 오르지 않았으면 나이 많은 대신이 왕실을 위협했을 거야."

"맞아, 잘못하면 이 나라의 왕이 허수아비가 될 뻔했어."

그래도 조카를 죽이고 왕이 되었다는 사실이 달라질 수는 없었다. 세조는 할아버지 태종을 자주 떠올렸다.

'할아버지 태종 대왕께서도 많은 사람의 목숨을 빼앗으며 우여곡절 끝에 왕이 되셨지. 하지만 참으로 많은 일을 하시지 않았던가? 나도 반드시 그렇게 할 것이다.'

세조는 누가 자신의 자리를 빼앗지 않을까 불안했다. 그래서 한명회, 신숙주, 정인지 등 자신이 왕이 되도록 도와준 공신들을 중요한 자리에 앉히고 그들에게 큰 힘을 실어 주었다.

공신들에게 많은 땅과 노비, 재물을 내려주고 죄를 지어도 벌을 받지 않는 특혜를 주었다. 공신의 자손들에게도 높은 벼슬자리를 주었다. 점차 공신들은 높은 벼슬을 이용해 온갖 방법으로 부정을 저지르고 많은 재물을 긁어모았다.

한명회는 엄청난 돈을 들여 압구정이라는 호화로운 정자를 짓는 등 부귀영화를 누리며 떵떵거렸다. 그리고 자신의 두 딸을 왕실로 시집보냈다.

사람들은 권력과 재물을 한 손에 틀어쥔 공신들을 '훈구'라고 불렀다.

시간이 흐를수록 훈구 대신들에 대한 사람들의 불만이 높아만 갔다.

어느 날 세조의 맏아들 의경 세자가 갑자기 죽었다. 멀쩡한 청년이 하루아침에 세상을 떠나자 백성들 사이에서 흉흉한 소문이 떠돌았다.

"주상 전하의 꿈속에 현덕 왕후께서 나타나셨다면서?"

현덕 왕후는 문종의 왕비이자 단종의 친어머니였는데, 단종을 낳고 이틀 만에 세상을 떠났다.

"현덕 왕후께서 '네가 내 아들을 죽였으니, 나도 네 아들을 데려가겠다.'라고 저주하셨다는군."

"저런, 별 희한한 꿈이 다 있네."

"그뿐이 아니야. 꿈속에서 현덕 왕후가 주상 전하에게 침을 뱉으셨는데, 그 침이 벌레가 되어 몸에 달라붙었다는군."

"그래서 요즘 주상 전하의 온몸에 붉은 반점이 생긴 건가? 피부병 때문에 고생하시잖아. 온천에도 자주 가시고 말이야."

"그러게 말일세. 사람은 마음을 곱게 쓰고 바르게 살아야지."

정선의 〈압구정도〉
한명회는 오늘날의 압구정동에 화려한 정자를 지어 노년을 보냈다. 경치가 빼어나 권문세가들이 앞다퉈 정자를 짓고자 했으나 한명회가 처음 지었다.

"쉿! 조용히 하게. 자네 때문에 잘못하면 내 목숨까지 날아가겠군."

세조를 왕으로 섬길 수 없다며 고향으로 내려간 선비들은 제자들을 가르치며 벼슬길에 나오지 않았다. 사람들은 이런 지조 있는 선비들을 '사림'이라고 불렀다. 사림들은 부정부패를 일삼는 훈구 대신들을 강하게 비판했다. 시간이 흐른 뒤 세조 다음 왕 무렵부터 사림들이 조금씩 정치 무대에 등장했다. 사림과 훈구 대신의 충돌은 피하기 어려울 듯했다.

어진 정치에 힘쓰다

세조는 비록 조카를 내쫓고 왕위에 올랐지만 사람들의 기억에 오래 남을 업적을 남기고 싶었다. 무엇보다도 백성을 사랑한 검소한 왕이 되려고 했다.

"모든 것은 백성들의 피땀에서 나오는 것이니 낭비하거나 사치하는 일이 없도록 하시오. 왕실에서도 비단옷을 입지 말고 무명옷을 입어 백성들의 노고를 잊지 않도록 하시오. 이 나라 조선의 근본은 농업이니 나와 왕비가 직접 씨를 뿌려 농사짓고 누에를 쳐 비단을 짜는 모범을 보이는 것이 좋겠소."

세조는 궁중의 잔치에 사용하는 꽃도 종이로 만들어 여러 번 사용하도록 했고, 세자궁을 지으면서도 다른 곳에서 쓰다가 남은 석재와 목재를 쓰도록 했다. 어떤 신하는 세자가 쓰는 필기구를 은으로 만들자는 청을 올렸다가 호된 야단을 맞았다.

세조는 아버지인 세종이 펼쳤던 여러 사업도 잘 이어받았다. 북쪽과 남쪽의 국경을 튼튼히 지켜 백성들이 안심하고 살 수 있도록 했다. 농사일이 바쁘지 않은 겨울에 군사 훈련을 실시하고, 병선을 만들어 바다를 침입하는 외적에 대비했다. 전쟁에 대비한 군사 작전도 세웠다. 큰 성이 있는 고을을 중심으로 주변의 작은 고을 군사들을 한데 모아 스스로 적과 싸워 이길 수 있도록 평소에 훈련시켰다(진관 체제).

세조는 수양 대군 시절, 훈민정음을 만드는 일에 직접 참여했기 때문에 아버지 세종 대왕이 왜 그토록 쉬운 문자를 만들고자 했는지 누구보다 잘 알고 있었다. 그래서 어려운 한문 책을 훈민정음으로 풀어 새롭게 찍어 내도록 하고 수많은 반대에 부딪히면서도 불경을 훈민정음으로 번역하는 관청을 두기도 했다.

그러던 어느 날 세조는 사헌부에서 올린 문서를 읽다가 깜짝 놀랐다.

"이 일을 담당한 사헌부 관리를 빨리 불러오너라."

세조는 관리를 꾸짖었다.

"내가 백성들을 가혹하게 다루지 말라고 하지 않았느냐. 더욱이 억울한 일을 당하는 백성이 없어야 한다고 엄히 명했거늘 왜 계속 억울한 백성이 생기는 것이냐?"

사헌부 관리가 쩔쩔매면서 대답했다.

"저는 단지 예부터 전해 오는 법에 따라 처리했을 뿐입니다."

자기는 법대로 했으니 잘못이 없다는 말이었다. 이 일이 있고 난 뒤 세조는 오랫동안 생각했던 일을 추진하기로 마음먹었다.

"지금까지 조선에서 만들어진 모든 법을 모으고, 다른 나라의 법들을 참고해 나라를 다스리는 법전을 만들면 어떨까 하오."

《경국대전》
세조 때 편찬을 시작해 성종 때 완성한 조선의 기본 법전이다.
국가의 통치를 법에 따라 한다는 원칙을 세웠다는 점,
중국과 다른 우리 고유의 법을 책으로 엮었다는 데 큰 의미가 있다.

"전하, 이미 여러 개의 법전이 있고, 중국의 법을 참고해 나라를 다스리고 있지 않사옵니까? 중요한 일이 생길 때마다 전하께서 관청에 내리시는 명령도 법이 됩니다."

"바로 그것이 문제요. 법도 오래되면 고쳐야 하오. 여러 관청에서 하는 일을 분명하게 정하고, 수많은 관리가 자기의 할 일을 정확히 알려면 잘 정리된 법전이 필요하지 않겠소?"

"예, 분부 받들어 새 법전 편찬을 맡기도록 하겠습니다."

세조는 육전 상정소를 두고 수많은 법전 내용을 정리해 이조와 호조, 예조와 병조, 공조와 형조에서 하는 일에 따라 '6전'으로 편찬하도록 했다. 편찬할 때 오랫동안 두고두고 지켜야 할 법, 잠시 동안만 쓰려고 만든 법, 시간이 지나면 고쳐야 할 법을 구분하도록 했다. 백성들이 지켜야 할 법도 있었지만 대부분 관청에서 맡은 업무에 대한 법이었다.

"세금과 군역에 관한 법전과 잘잘못을 가려 죄를 주고 재판하는 데 필요한 법전을 먼저 만들어 백성들이 안심하고 살 수 있도록 하라."

호조에서 하는 일을 담은 〈호전〉과 형벌과 노비에 대한 일을 맡아 하는 형조의 〈형전〉을 가장 먼저 편찬했다.

잘못한 사람을 어떻게 벌줘야 하는지, 관리는 어떻게 뽑아야 하는지, 세금은 어떻게 거둬야 하는지, 시장에서 물건을 사고팔 때 무게와 길이를 어떻게 재야 하는지 등 백성들의 생활과 나라 살림살이에 필요한 온갖 법들을 정리한 법전이 조금씩 모양을 갖춰 가기 시작했다.

세조는 법전이 마무리되는 것을 미처 보지 못하고 세상을 떠났다. 세조 때 편찬을 시작한 법전은 예종을 지나 성종 때가 되어서야 완성되었다. 〈이전〉, 〈호전〉, 〈예전〉, 〈병전〉, 〈형전〉, 〈공전〉으로 이뤄진 이 법전을 《경국대전》이라고 불렀다. '나라를 다스리는 큰 법전'이라는 뜻이었다. 《경국대전》은 600년간 조선을 다스리는 기본 법전이 되었다.

남이와 유자광

세조가 왕위에 오른 지 13년이 되던 해, 북쪽 국경 근처에서 이시애가 반란을 일으켰다. 이시애는 자신을 아껴 주던 김종서가 세조에게 억울한 죽임을 당한 데 깊은 원한을 품고 있었다.

조정에서 북쪽으로 보내는 군관들이 거의 남쪽 양반 출신인 점도 큰 불만이었다. 때마침 길주 수령이 된 설정신과 절도사 강효문이 모두 남쪽 출신 관리였다. 두 사람은 사사건건 삐딱한 이시애가 영 마음에 들지 않았다. 그래서 일을 꾸며 강제로 관직에서 쫓아내려고 했다.

'뭐? 나를 쫓아내?'

격분한 이시애는 강효문을 죽이고 난을 일으켰다. 조정에 불만이 많았던 백성들이 삽시간에 모여들었다.

"조정에서는 함길도를 치려고 군사를 움직인다는데······."

"군사들이 여기 백성들을 다 죽일 거라면서?"

흉흉한 소문까지 돌아 민심이 점점 더 뒤숭숭해졌다. 덕분에 이시애는 함길도의 여러 고을을 힘들이지 않고 손에 넣을 수 있었다. 이시애는 조정에 절도사 강효문을 죽인 사실을 거짓으로 보고했다.

"강효문이 신숙주, 한명회와 몰래 내통하면서 역모를 꾀했습니다. 그래서 어쩔 수 없이 죽였습니다."

세조는 잠시 고민하다가 한명회와 신숙주를 옥에 가뒀다. 평생을 함께 한 동지였지만 역모라는 말에 불현듯 의심이 솟구쳤다. 그리고 곧바로 반란군 토벌에 나섰다. 태종의 외손자이자 세조의 조카인 귀성군이 토벌 대장을 맡고 남이, 강순 등 젊고 무예가 뛰어난 장수들이 힘을 보탰다. 3만 명의 토벌군이 함길도를 향해 떠났다.

이시애의 반란군은 스물일곱 청년 장수 남이가 이끄는 토벌군에게 모래성처럼 허물어졌다. 반란군의 패배가 거의 확실해지자 이시애의 부하들은 이시애 형제를 밧줄로 꽁꽁 묶어 토벌군에 넘겼다. 남이는 계속 북쪽으로 말을 달려 여진족까지 토벌했다.

> 백두산의 숱한 돌은 칼을 갈아 다 닳아지고
> 두만강의 푸른 물은 말을 먹여 잦아졌네.
> 사나이 스무 살에 나라를 평정하지 못한다면
> 뒷날에 누가 나를 대장부라고 하겠는가.

대장부다운 기개가 넘치는 이 시가 뒷날 남이의 목숨을 재촉할 줄을 그 누가 알았을까?

이시애의 난이 진압된 뒤에도 남이는 계속 눈부신 공을 세워 스물일곱 살 나이에 병조 판서라는 높은 자리에 올랐다. 그러나 젊은 나이에 병조 판서가 되고 세조의 사랑을 받는 남이를 시기하는 사람도 많아졌다.

"남이 장군은 재주와 용맹이 뛰어나지만, 병조 판서가 되기에는 너무 젊사옵니다."

수많은 인재를 비명에 보낸 일로 마음이 아팠던 세조는 남이를 지켜 주었다. 하지만 세조는 오래지 않아 세상을 떠나고 젊은 세자가 왕위에 올랐다. 새 임금 예종은 세자 시절부터 남이를 그리 탐탁히 여기지 않았다.

이를 눈치 챈 유자광이 남이가 역모를 꾀한다고 상소를 올렸다. 궁궐을 지키던 남이가 하늘에서 떨어지는 혜성을 보고 무심코 한 말을 엿듣고 교묘히 꾸며 역모로 몰아간 것이다.

"전하, 남이는 세조께서 돌아가신 뒤 하늘에서 떨어지는 혜성을 보고 '낡은 것이 가고 새 것이 들어선다.'고 했습니다. 남이가 백두산에서 지은 시를 보십시오. 나라를 평정하겠다는 것은 스스로 나라를 쥐어 보겠다는 뜻이옵니다. 결국 나라를 훔치겠다는 마음이 아니고 무엇이겠습니까?"

조선 시대에는 역모에 이름이 오르기만 해도 무사할 수 없었다. 조금이라도 왕권을 위협하는 일은 결코 용납되지 않았다.

남이도 예외가 아니었다. 정강이뼈가 부러지는 혹독한 고문을 당한 끝에 형장의 이슬로 사라졌다. 남이의 젊음과 패기를 아까워한 사람들이 진심으로 그의 죽음을 슬퍼했다.

유자광 등은 높은 벼슬과 토지와 노비를 받았다. 세조가 왕이 되는 것을 도왔던 한명회, 권람, 홍윤성 같은 사람들이 공신이 된 뒤로, 공신은 계속 늘어나 그 수가 100명을 훌쩍 넘었다.

예종은 채 1년도 왕위를 지키지 못하고 세상을 떠났다. 세조의 두 아들 모두 스무 살을 넘기지 못한 것을 두고, 세상 사람들은 아버지의 업보를 자식들이 대신 갚은 거라고 수군거렸다.

성종, 태평성대를 열다

성종이 왕위에 오르다

"천세, 천세, 천천세~ 새 국왕 전하, 천세, 천세, 천천세~"

문무백관이 두 손을 하늘을 향해 들어 올리며 목청껏 외쳤다. 새 국왕의 얼굴이 밝게 빛났다. 또랑또랑한 눈망울을 가진 소년 잘산군, 그는 일찍 세상을 떠난 세조의 맏아들 의경 세자의 둘째 아들이었다. 성종이 왕위에 오른 것이다.

굳이 순서를 따지자면 의경 세자의 맏아들 월산군이 왕위에 올라야 했지만, 세조의 왕비였던 정희 왕후는 평탄한 왕실의 앞날을 위해 한명회의 딸과 혼인한 잘산군을 선택했다. 한명회는 수양 대군이 왕위에 오르는 데 가장 큰 공을 세웠고, 세조가 왕위에 있는 동안 권력의 꼭대기에 있었다. 잘산군은 그런 한명회의 사위였기 때문에 왕위에 오를 수 있었다.

성종은 자신이 나타나기만 하면 나이 많은 대신들은 물론 사관들까지 모두 엎드리는 것을 보고는 마음이 불편했다. 사관은 왕의 말과 행동을

낱낱이 기록하는 사람이다.

"그처럼 엎드려 있으면 어떻게 나의 행동을 제대로 보고 기록할 수 있겠소. 이제부터 그대들은 허리를 곧게 펴고 앉아서 나의 행동과 말을 보고 듣도록 하시오."

성종은 훌륭한 왕이 될 만한 자질을 두루 갖추고 있었지만, 아직 어린 데다 궁궐 생활에도 익숙하지 않았기 때문에 스무 살이 될 때까지 할머니 정희 왕후의 수렴청정을 받았다.

스스로 나랏일을 돌보기 시작하면서부터 성종은 젊은 선비들을 아끼며 곁에 두려고 애썼다. 왕마저도 마음대로 쥐고 흔들려는 한명회 같은 훈구 대신들의 입김에서 벗어나 자신이 꿈꾸는 정치를 펼치려면 새로운 사람이 많이 필요하다는 것을 뼈저리게 느꼈기 때문이다.

'내 곁에는 깨끗하고 올곧은 기개를 가진 선비들이 있어야 해. 나를 도와줄 수 있는 선비들 말이야…….'

이런 성종에게 서거정은 마음으로 아끼고 의지하던 신하였다. 서거정은 세종부터 문종, 단종, 세조, 예종, 성종까지 45년 동안 여섯 왕을 모신 기록을 세웠다. 어른들도 어렵다는 어려운 책을 여섯 살 때 줄줄 읽은 신동으로, 스물네 살에 과거에 급제해 집현전에서 일하기도 했다.

서거정은 뛰어난 재주와 실력으로 성종을 열심히 도왔다. 특히 글 짓는 솜씨와 글씨체는 누구도 따라올 수 없을 정도로 훌륭했다.

그래서 중요한 책을 편찬하는 국가 사업에는 늘 서거정이 있었다. 《경국대전》은 물론 조선 8도 방방곡곡의 지형과 기후, 산물과 인물 등을 모아 실은 백과사전 지리서 《동국여지승람》 편찬에도 서거정의 힘이 컸다. 워낙 시를 좋아하고 즐겼던 서거정은 신라부터 조선까지의 시를 모아 《동문선》을 펴내기도 했다.

서거정의 친구 김시습도 세상이 알아주는 인재였지만 세조가 조카 단종의 왕위를 빼앗는 것을 보고는 벼슬에 뜻을 버리고 책과 자연에 묻혀 살았다. 그의 재주를 아낀 성종이 아무리 벼슬을 주고자 해도 절대로 받지 않았다.

고려 말 길재의 학문을 이어받은 강직한 선비 김종직도 두터운 신임을 받았다. 김종직이 길러 낸 김굉필, 정여창, 김일손 같은 선비들이 줄을 지어 성종의 곁으로 모여들었다.

이들은 오랫동안 권력을 쥐고 흔들어 온 훈구 대신들과는 달랐다. 젊고 정의로운 데다 학식도 깊었다. 이들은 사림이라고 불렸다.

가문이나 집안의 위세가 아닌 능력으로 조정에 나온 선비들이었기 때문에 자신의 이익을 챙기는 데만 눈이 밝은 훈구 대신들과는 확연히 달랐다. 훈구 대신과 젊은 사림 선비의 갈등은 점점 깊어졌다.

국왕, 대궐 밖으로 나가다

캄캄한 새벽, 성종이 서둘러 일어났다.
"조용히 평복을 하나 가져오게. 아무에게도 알리지 말고 자네만 나를 따르도록 하라."
"전하, 또 궁궐 밖으로 나가시옵니까? 호위 군사라도 데리고 가시옵소서."
"아니다. 조용히 다녀야 백성들이 사는 모습을 제대로 볼 수 있지 않겠느냐?"
성종은 평민 복장에 내관 하나만을 데리고 도성 안 백성들이 사는 모습을 보러 나가기를 좋아했다. 글 읽는 소리가 청아하게 들리는 집이 있으면 슬쩍 손님처럼 들어가 이야기를 나눴다. 선비의 성품이 곧고 학문이 뛰어나다 싶으면 과거 시험을 보게 해 관리로 등용했다.
대궐을 빠져나온 성종과 내관은 경복궁 앞 6조 거리로 걸음을 옮겼다. 이조, 호조, 예조, 병조, 형조, 공조 건물이 있는 이곳은 조선 최고의 관청 거리였다.
거리는 아침 일찍부터

2 유교 국가의 틀을 갖추다 • 103

붉고 푸른 관복을 입고 출근하는 관리들로 북적였다. 높은 관리들은 하인 네 사람이 옮기는 사인교나 외바퀴가 달린 높은 수레를 타고 출근했다.

지체 높은 대감이 탄 사인교가 나타나면, 앞서거니 뒤서거니 가던 관리들이 공손히 고개를 숙여 인사하고, 근처에 있던 백성들은 땅에 엎드려 고개를 숙였다.

"숭례문 밖으로 가세."

성문을 지키는 군사들의 매서운 눈을 피하며 숭례문을 지나자 북적이는 도성을 벗어날 수 있었다. 성 밖으로 나서자 울창한 숲과 논밭이 펼쳐진 농촌 마을 풍경이 나타났다. 도성 밖 10리까지는 '성저 10리'라고 했는데, 이 지역은 엄연히 한성부에 속했다. 사람들은 4대문과 4소문을 통해 도성 안을 드나들며 살았다.

도성 밖을 흐르는 한강에는 여러 개의 나루가 있었다. 10만 명 가까운 사람이 사는 한성부에 필요한 물자는 엄청났다. 식량을 비롯한 땔감과 옷감 등 온갖 물건을 도성에서 다 만들어 댈 수는 없는 노릇이었기 때문에 전국 방방곡곡에서 배로 실어 왔다. 아침 일찍부터 배를 대고 물건을 내리는 모습을 바라보던 성종이 말했다.

"한강 나루들은 한성부를 먹여 살리는 젖줄과도 같구나."

"예. 새우젓이 올라오고, 쌀과 어물이 올라오고…… 이 모두가 전하께서

어진 정치를 펼치시는 덕분이옵니다."

두 사람은 숭례문을 통해 다시 도성으로 들어왔다. 남산이 가까이 보였다. 남산 가까운 곳에 있는 남촌 마을에는 낮은 벼슬을 하는 사람, 벼슬이 없는 가난한 선비, 무신들이 주로 모여 살았다. 백성들의 집도 옹기종기 모여 있었다. 낮은 담벼락의 초가지붕이 서로 이마를 마주 대고 서 있는 남촌 마을 풍경은 기와지붕에 솟을대문이 거만하게 서 있는 북촌의

모습과 사뭇 달랐다.

경복궁 동쪽 북악산 자락에 자리 잡은 북촌은 6조 거리와 가까웠기 때문에 지체 높은 사람들이 모여 살았다. 높은 담벼락, 검게 빛나는 기와지붕을 올린 집은 바라보기만 해도 기가 꺾일 정도였다.

두 사람은 운종가에 이르렀다. 운종가는 한성에서 가장 큰 상점들이 모여 있는 곳이다. 고려의 도읍이었던 개경의 시전을 한성부로 옮기고, 나라에서는 운종가를 따라 가게 건물을 지어 놓고 상인들이 장사를 할 수 있도록 했다. 그 대신 상인들은 나라에서 필요로 하는 물건을 세금으로 바쳤다.

비단, 포목, 해산물, 종이 등을 파는 6개의 상점이 가장 규모가 컸는데, 사람들은 이들을 6주비전, 6부전이라고 불렀다. 이곳에서 파는 물건을 다른 상인들이 함부로 사고팔았다가는 큰 봉변을 당하거나 벌을 받았다.

"아직은 한산하구나."

"조금 있으면 시전이 열립니다. 그러면 손님을 끄는 여리꾼의 목소리와 물건 값을 흥정하는 소리들로 시끌벅적해질 것이옵니다."

한성에는 운종가와 나란히 청계천이 흘렀다. 청계천을 따라 또 하나의 큰 길이 있었는데, 그 길을 가다 보면 광통교와 만났다. 광통교 주변에는 시전에서 장사하는 상인들이 모여 살았다. 이곳에도 닭과 달걀을 파는 가게, 머리에 쓰는 갓을 파는 가게, 갓을 만드는 데 필요한 대나무를 파는 가게가 빼곡했다. 남대문과 동대문 주변도 벼르고 별러 먼 곳에서 장 보러 오는 사람들, 물건을 팔러 오는 행상들, 이들에게 음식을 파는 상인들로 북적거렸다.

"다음에는 도성 동쪽 흥인지문으로 나가 보자."

동대문 밖에는 왕이 직접 농사짓는 시범을 보이는 직전이 있었다. 이쪽 성저 10리에 사는 농민들은 직전에서 농사를 지어 종묘 제례에 쓰이는 곡식을 나라에 바쳤다.

《경국대전》이 완성되다

성종이 왕위에 오른 지 15년 되던 해, 드디어 《경국대전》이 완성되었다. 세조가 이 일을 시작한 지 30년 만이었다.

"오늘은 정말 감격스러운 날이오. 이제야 자자손손 우리 조선을 다스릴 법전이 완성되었소. 이 법전에 따라 경들이 더욱더 열심히 나랏일을 해 주리라 믿겠소."

"신들의 마음도 기쁘기 한량없습니다. 죄인을 가둔 감옥에도 꼭 의원 한 명을 정해 뒀다가 병에 걸린 죄수들을 치료해 주라는 법이 있고, 사형수도 세 번에 걸쳐 재판하도록 했으니, 사람들이 기뻐할 것입니다."

"지방 수령으로 가는 사람들은 한층 더 조심스럽게 일을 해야 할 것 같습니다. 굶어 죽는 백성들을 조정에 제대로 보고하지 않으면 큰 벌을 받게 되었습니다. 또한 아이를 낳은 어미는 죄를 지어도 100일간은 형벌을 줄 수 없도록 되어 있습니다."

"나룻배는 5년마다 수리를 해야 하고, 10년마다 새로 만들어야 한다고 분명히 법전에 쓰여 있으니, 이제부터는 훨씬 더 안전하게 물건을 나를 수 있게 되었습니다."

《경국대전》이 만들어진 덕분에 곡식과 옷감 등을 사고파는 장터에서도 새로운 광경이 나타났다.

"허허, 그 됫박이 너무 작은 거 아닌가? 나랏법에서 정한 됫박이 아닌 것 같은데, 만일 속이다가 들키면 큰 벌을 받게 되니 제대로 팔게."

"새로 정한 자로는 옷감을 재서 사고, 됫박으로는 곡식을 담아 사고,

저울추로 달아서 소금을 사니, 마음씨 나쁜 장사꾼에게 속을 염려가 없어서 좋구먼."

《경국대전》은 주로 6조에서 하는 일을 상세히 정해 놓았다. 호패를 위조하는 사람도 특히 엄하게 다스리도록 했다. 《경국대전》 안에는 잘못을 벌하는 법도 있었고, 백성들이 억울한 일을 당하지 않도록 하기 위한 법도 있었다.

그렇지만 신분이 정해져 있던 조선에서 법이 모두에게 평등하지는 않았다. 신분이 낮은 사람들에게 법은 더욱 무섭고 엄격했다.

도량형 기구
물건의 길이·부피·무게를 재는 수단이나 단위를 재는 기준을 '도량형'이라고 한다.
되(위쪽)로 양을 재고,
자(아래쪽)로 길이를 쟀다.

2 유교 국가의 틀을 갖추다 · 109

어느 날의 어전 회의

"자, 오늘은 어떤 일들을 의논해야 할지 말씀들을 해 보세요."

승정원의 승지가 호조 판서 쪽을 돌아보며 입을 열었다.

"경기 관찰사가 어려운 백성들에게 빌려준 빚을 독촉하지 않았으면 한다는 상소를 올렸사옵니다."

성종이 호조 판서에게 물었다.

"그 일은 호조에서 하는 일인데, 호조 판서의 의견은 어떠하오?"

"전하, 작년에 돌려받지 못한 빚 15만 가마 중 겨우 1만 가마만 받았습니다. 작년에는 풍년이 들었으니 조금이라도 더 거뒀으면 합니다."

여러 신하의 의견에 귀를 기울인 끝에 왕이 말했다.

"경기 관찰사는 백성을 위해 하는 말이고, 호조 판서의 의견은 국가의 살림을 넉넉하게 하기 위해서 하는 말이니 모두 옳소. 승정원에서는 경기 관찰사에게 가난한 백성들의 빚은 독촉하지 말고, 여유가 있으면서도 내지 않으려고 하는 사람들을 잘 가려내라고 이르시오. 그리고 요즘 올라온 상소문을 보면 지방 향교에서 학생들을 제대로 가르치지 않는다는 의견이 많소. 선생도 자리를 비우고 학생들도 날마다 놀기만

한다는데, 이래서야 어찌 유능한 관리가 나오겠소. 참으로 걱정이 이만저만이 아니오."

예조의 관리가 아뢰었다.

"학교를 열고 가르치는 일은 저희 예조의 일이옵니다. 바로잡도록 하겠사옵니다."

"전하, 이간이라는 자와 그 어미가 노비를 가지고 서로 자신의 것이라고 우기며 재판을 벌이고 있습니다."

"오, 그랬지. 참으로 민망한 일인데 어떻게 처리하면 좋겠소?"

"어미가 이긴다면, 아들이 벌을 받게 되므로 문제가 없지만, 만일 아들이 이긴다면, 그 어미가 벌을 받아야 합니다. 효를 중요시하는 우리 조선에서는 있을 수가 없는 일이옵니다. 당연히 어미의 의견을 따르는 것이 옳다고 생각되옵니다."

"재판을 맡고 있는 형조에 알려 그렇게 처리하도록 하시오. 세상에 부모와 맞서서 옳고 그름을 따질 수는 없는 일이니까……. 그리고 봄이 왔는데도 겨울만큼 추우니, 옥에 갇힌 죄수들이 동상에 걸리지 않도록 하시오. 형조와 각 지역 수령들에게 나의 뜻을 전하는 전교를 내리도록 하시오."

병조에서 좌랑을 맡고 있는 관리가 말했다.

"전하, 밤에 순찰을 도는 군사들에 관한 것이옵니다. 밤새도록 군사와 말이 쉬지 않고 도성의 안팎을 돌고 있어 매우 피곤해 합니다. 순번을 정해 교대로 지키도록 하면 어떻겠습니까?"

왕이 고개를 끄덕였다.

"병조에서는 군사들이 순찰을 도는 여러 방법을 찾아보시오. 옛 기록을 찾아보면 적지 않게 있을 것이오. 그중에서 가장 적당한 방법을 찾아 다시 보고하도록 하시오."

"전하, 장문(시장)에 대해 드릴 말씀이 있사옵니다."

"말해 보시오."

"백성들이 닷새 또는 열흘에 한 번씩 모여 서로 물건을 사고파는 장문이 점점 많아지고 있사온데, 이곳에서 도적들이 훔친 물건도 많이 팔리고 있어 큰일이옵니다."

"예로부터 농업은 먹을 것을 생산하는 정직한 일이지만 상업은 물건을 팔아 이윤을 남기는 정직하지 못한 일이옵니다. 백성들이 더 나쁜 길로 빠지기 전에 모든 장문을 없애도록 하심이 마땅할 것이옵니다."

왕이 고개를 가로저었다.

"꼭 그렇지는 않소. 흉년이 들어 물건이 부족한 지역 백성들이 서로에게 꼭 필요한 물건을 장시에서 바꿔 가는 일은 매우 필요하오."

어전 회의는 끝날 줄을 몰랐다.

조선 최고의 학교, 성균관

경복궁 동북쪽 낙산 자락에 있는 성균관의 하루는 이른 새벽에 시작되었다. 옷을 맵시 있게 차려입고 검은색 관을 쓴 젊은이들이 조용히 오고 갔다. 이들의 눈빛과 말씨, 몸가짐에는 조선 최고의 인재라는 자부심이 짙게 배어 있었다.

성균관 학생들은 아침에 눈을 뜨면서부터 밤늦게까지 조선 최고의 학자들에게서 가르침을 받았다. 장차 왕이 될 세자도 나이가 차면 성균관의 학생으로 입학하는 의식을 치렀다. 성균관에 입학하려면 각 지방에서 치르는 두 번의 과거를 통과해 생원과 진사 칭호를 받아야 했다. 과거를 한 번만 통과해도 수재 소리를 들을 정도였기 때문에 성균관에 들어간 학생들은 모든 이의 부러움을 샀다.

선비들을 가까이 두고 싶어 했던 성종은 성균관 학생들을 알뜰살뜰 챙겼다.

"성균관에서 조선을 이끌어 갈 기둥이 나옵니다. 토지를 내리고 책을 보내서 학생들이 마음 놓고 공부할 수 있도록 하시오."

성종은 각 지방의 학교인 향교에 책을 내려보내는 것도 잊지 않았다.

성균관 학생들은 나라에 큰일이 생기거나 왕이 정치를 잘못한다고 생각하면 이를 바로잡아 달라는 상소도 올렸다. 때로는 모두 대궐 앞으로 몰려가 시위를 벌였다. 이럴 때면 사람들은 성균관 학생들 편을 들었다.

"조선 최고의 수재들이 공연히 저런 행동을 하겠어?"

"그러게. 잘못된 정치를 바로잡아야겠지."

성균관
조선 최고의 학교로 대성전·명륜당·동재·서재·양현고 등의 건물이 있었다. 사진의 명륜당은 유생들이 글을 배우고 익힌 곳이며, 대성전에는 공자의 위패를 모셨다.

성종은 성균관 학생들의 상소를 잘 읽고, 의견을 들어주려고 노력했다. 성균관 학생들도 큰 잘못을 저지르면 벌을 받거나 쫓겨났다. 한번은 몇몇 학생이 기숙사를 쓰는 문제를 가지고 서로 다투더니 야단치는 스승에게 대들고는 성균관을 비우고 돌아가 버린 일이 있었다. 이 소식을 들은 성종이 크게 노했다.

"감히 부모와 같은 스승에게 대들다니, 앞으로 이 같은 일이 또 일어나지 않도록 하려면 어떻게 해야 하겠소?"

"성균관을 비우고 나가 버린 자들에게 죄의 무게에 따라 장 60대에서 100대까지 치고, 벌금을 물려야 합니다. 또한 평생 과거를 치르지 못하도록 해야 합니다."

성균관 학생들에게 매를 맞는 것보다 더 무서운 벌은 과거를 치르지 못하는 것이었다. 과거를 못 본다는 것은 평생의 꿈을 빼앗기는 것과 다름없었기 때문이다.

과거 시험으로 관리를 뽑다

오늘은 창덕궁에서 대과가 있는 날이다. 대과는 관리가 되기 위한 여러 단계의 과거 시험 중 마지막 관문이었다. 변계량과 성삼문, 신숙주 등 조선을 이끌어 온 뛰어난 사람들 대부분은 과거를 통과한 인재였다.

조선 8도의 인재들 중 여러 차례 예비 시험을 통과한 33명이 왕과 시관(과거 시험을 관리 감독하는 관리)들이 지켜보는 가운데 유교 지식과 문장을 겨뤘다.

이들 중에 경상도 청도에서 올라온 스물여섯 청년 김일손도 있었다. 김일손은 몇 달 전 예비 시험인 사마시를 장원으로 통과한 수재였다. 사마시에 합격한 덕분에 김일손은 원하기만 하면 성균관에 들어가 공부를 할 수도 있었고 대과를 볼 수도 있었다. 김일손은 대과를 보려고 꼬박 보름을 걸어 한성에 도착했다.

'다섯 살 때 처음 한자를 배워, 지금까지 20년이 넘도록 유교 경전을 공부한 결과를 오늘에야 보게 되었구나.'

김일손은 감개무량했다.

백패와 홍패
과거 합격 증서인 백패(왼쪽)와 홍패(오른쪽)이다.
진사와 생원을 뽑는 소과 합격자, 무과 초시 합격자에게는
흰색의 백패를, 문과와 무과의 대과 합격자에게는
붉은색의 홍패를 주었다.

어사화
조선 시대 문·무과에 급제한 사람에게
임금이 내리던 종이꽃이다.

오늘 시험은 예조의 관리들이 직접 진행했다. 드디어 과거 시험 문제가 높다랗게 내걸리고, 휘리릭 두루마리가 풀렸다. 33명의 눈길이 일제히 쏠렸다.

여기저기서 낮은 탄성과 한숨 소리가 들렸다. 김일손도 시험 문제를 읽었다.

> 옛날부터 제왕이 떨쳐 일어날 때는 500명의 군사로도 충분히 천하를 손에 넣어 나라를 세우는 큰일을 이루어 낼 수 있었다. 그런데 제왕을 이은 후대 왕들이 나라를 지켜 내지 못하고 점차 약해지고 말았다.…… 옛 중국 하나라의 소강, 주나라 선왕, 후한 광무제, 당나라 숙종은 이미 약해진 나라를 다시 일으켜 세웠다. 이들은 어떻게 나라를 다시 번영하도록 만들었을까?

어려움에 처한 나라를 다시 일으킬 방안을 제시해 보라는 문제였다. 김일손은 무릎을 꿇고 조용히 먹을 갈았다. 묵향이 코끝에 향기롭게 맴돌았다. 잠시 눈을 감고 생각을 가다듬었다.

잠시 후 눈을 뜨고 붓에 먹을 듬뿍 묻혔다. 잠시의 망설임도 없이 흰 종이 위에 글을 써 내려갔다. 붓끝에서 나오는 검은 글씨가 힘차게 살아 움직이는 듯했다. 평소에 생각했던 것을 적었다. 김일손은 첫 번째로 답안지를 내고 나왔다.

다음 날 아침, 대과의 결과가 발표되었다. 김일손은 2등이었다. 사람들은 김일손이 1등을 할 것이라고 생각했다가 깜짝 놀랐다. 김일손이 써낸

답안지의 문장은 누구도 흉내 낼 수 없을 만큼 훌륭했다. 김일손이 품고 있던 뜻도 빼어났다. 모든 시관이 김일손을 1등으로 꼽았지만 제일 높은 시관이던 이극돈이 기필코 반대했다. 과거 시험 답안지를 쓸 때 지켜야 하는 격식을 조금 어겼다는 것이 이유였다.

과거 시험에는 여러 종류가 있었다. 3년에 한 번 치르는 식년시 외에도 나라에서는 과거 시험을 자주 열었다. 왕자가 태어나는 등 경사가 났을 때는 별시, 새 국왕이 등극하면 증광시를 치렀다. 성균관 학생만을 위한 알성시를 국왕이 직접 열기도 했다. 병들었던 왕이나 왕족이 쾌차했을 때, 외적을 물리쳐 난리가 끝났을 때도 과거를 치렀다.

하지만 갑자기 과거가 치러진다는 소식을 알 길 없는 지방 선비와 학생들은 응시할 기회조차 얻기 어려웠다.

무예를 시험해 장교를 뽑는 무과도 3년에 한 번씩 열렸다. 잡과를 실시해 중국이나 일본으로 가는 사신을 돕는 통역관을 선발하기도 했고, 의술을 시험해 전의감에서 일할 의원도 뽑았다. 형조에서 법률 문서를 다룰 사람, 관상감에서 천체를 관측하는 일을 할 사람도 잡과를 통해서 뽑았다.

궁 밖으로 쫓겨난 왕비

성종이 왕이 되기 전에 맞아들였던 첫 번째 부인은 한명회의 딸이었는데, 궁궐에 들어온 지 4년 만에 병들어 죽었다. 조정 신하들은 전국에 금혼령을 내리고 처녀를 간택해 새로운 중전을 맞아들일 것을 청했다.

그러나 성종은 왕비를 뽑는 동안 일반 백성들이 시집 장가를 가지 못하는 등 번거롭고 폐해가 많다면서 극구 반대했다. 그리고 이미 아들을 낳은 후궁 윤씨를 중전으로 삼았다.

그러나 중전 윤씨는 오랫동안 중전의 자리에 있지 못하고 궁 밖으로 쫓겨났다. 다른 후궁들을 질투하고 왕에게 거짓을 고했으며 요망한 일을 서슴없이 했다는 것이 이유였다. 무엇보다 성종의 어머니인 인수 대비가 보잘것없는 집안 출신인 며느리 윤씨를 미워했다.

윤씨의 인품을 칭송하면서 쫓아내는 데 반대하는 신하들도 있었지만, 이름난 효자였던 성종은 어머니의 뜻을 거스르지 못했다. 결국 윤씨는 폐비가 되어 쫓겨나고, 윤씨 성을 가진 다른 후궁이 중전이 되었다.

대궐 밖 친정으로 쫓겨 간 폐비 윤씨는 끼니도 잇기 어려울 정도로 힘들게 살았다. 언젠가는 궁에 두고 나온 아들을 만날 수 있으리라는 실낱같은 희망을 품고 조심스럽게 하루하루를 보냈다.

폐비 윤씨가 다시 왕비가 될까 봐 두려웠던 사람들이 그녀의 소식을 묻는 성종에게 거짓을 고했다.

"폐비 윤씨는 곱게 화장하고 화려한 옷차림을 하고 있습니다. 그리고 전하를 원망하면서 원자가 왕이 되면 원수를 갚겠다고 한답니다."

"무엇이라고? 이런 괘씸한……."

대궐에서 윤씨 집으로 사람들이 갔다. 그들의 손에 사약이 들려 있었다. 폐비가 된 뒤에도 잘못을 반성하지 않고 임금을 원망한다는 것이 죄명이었다. 폐비 윤씨는 사약을 마시고 죽었다. 죽어 가면서 토해 낸 핏자국이 선명한 흰 수건을 친정어머니에게 넘기며 다음과 같이 당부했다고 전한다.

떨잠
왕비의 머리 앞 중심과 양 옆에 꽂는 꾸미개이다. 움직일 때마다 장식이 떨리기 때문에 붙여진 이름이다.

"훗날 원자가 임금이 되면 이 수건과 함께 제 억울한 죽음을 알려 주세요."

성종은 대궐 안 그 어느 누구도 원자에게 친어머니 이야기를 하지 못하도록 금지령을 내렸다. 폐비 윤씨의 아들은 열 살이 될 무렵 세자 자리에 올랐다. 많은 사람이 거세게 반대했지만 성종은 세자를 지켜 주었다.

> 세계 속의 한국인

《칠정산》을 만든 조선의 힘

아주 까마득한 옛날부터 사람들은 밤하늘의 별자리를 관찰했다. 오랫동안 관찰을 거듭하다가 아주 중요한 사실을 깨달았다. 계절에 따라 보이는 별자리가 달라진다는 사실과 초저녁과 한밤중, 새벽녘의 별자리 위치가 다르다는 사실을 발견한 것이다. 사람들은 별자리를 관찰하면서 시간을 계산하는 법도 깨달았다.

사람들은 달의 변화도 유심히 관찰했다. 초승달이 아주 천천히 차올라 둥근 보름달이 되었다가 그믐달이 되는 데 29.5일 정도가 걸린다는 사실을 알아낸 뒤, 달의 모양 변화를 보면서 1달을 계산하고 1년의 길이를 재게 되었다.

계절에 따라 조금씩 달라지는 태양의 움직임도 유심히 관찰했다. 천체의 움직임을 바탕으로 시간을 재고, 달력 제작에 필요한 계산법을 만들었는데, 이를 역법이라고 한다. 지금까지 지구상에서 자신들만의 역법을 가지고 달력을 만들었던 예는 많지 않았는데, 그중에 조선이 있었다.

세종 때 만들어진 《칠정산》은 조선의 역법서이다. 농업 국가인 조선에서 백성들에게 정확한 농사 절기를 알려 주는 것은 왕의 중요한 의무였다. 그때까지 사용하던 중국의 역법은 조선의 절기와 잘 맞지 않았다. 중국의 역법은 북경에서 천문을 관측한 결과로 만들어졌기 때문이다. 그래서 세종은 천재 과학자 장영실을 비롯해 정초, 이순지 등을 모아 조선만의

《칠정산》
조선의 독자적인 천문 달력 체계를 담은 역법서.
세종 때 만들어졌다.

독자적인 역법을 만들기로 결심했다.

　조선의 도읍인 한성에서 간의와 혼천의 등 관측기구들로 천체를 관측한 결과 한성의 북극 고도(위도)에 따른 칠정(해·달·수성·금성·화성·토성·목성)의 운행 궤도와 주기가 밝혀져 마침내 《칠정산》이라는 역법서가 완성되기에 이르렀다.

　《칠정산》이 나오는 데는 중국 역법인 《수시력》과 이슬람 역법인 《회회력》도 큰 영향을 주었다. 다른 나라의 훌륭한 역법을 완벽하게 이해하고, 조선의 필요에 맞도록 새로운 역법으로 다시 창조한 능력, 이것이 바로 우리의 문화를 풍성하게 가꿔 온 힘이 아닐까?

간의
해시계·물시계·혼천의와 함께 조선의 천문대에 설치되었던 중요한 관측기구로 오늘날의 각도기와 비슷한 원리를 가지고 있었다. 원나라의 곽수경이 만들었다는 간의를 참고해 만들었다.

1410년
1413년 조선 8도의 지방 행정 조직 완성
1432년 《삼강행실도》 편찬

1440년
1444년 《칠정산 내외편》 간행
1445년 〈용비어천가〉 완성

3
조선 시대 사람들은 어떻게 살았을까

1490년
1494년 농민 봉기
1500년 과부 개가 금지

1460년
1460년 백성 4500호 북방으로 이주
1466년 직전법 실시

어진 국왕
어진 수령

고을 수령 오시는 날

"오늘이 새 수령께서 오시는 날이지?"

"이번에 오시는 사또 나리는 과거에 급제하신 젊은 분이라며?"

어느 작은 마을이 이른 아침부터 술렁였다. 새로 부임하는 현감을 맞이하는 마을 사람들은 잔뜩 기대를 품은 듯했다. 사람들은 현감을 수령 또는 사또라고 불렀다. 어른들이 주고받는 이야기를 듣고 있던 아이들도 덩달아 신이 났다.

저 멀리 실개천 너머로 깃발들이 펄럭였다. 새 현감의 행렬이 마을에 가까워졌다. 현감이 탄 말이 지나갔다. 멀리까지 마중 나갔던 사람들, 호위하는 포졸들이 그 뒤를 따랐다.

행렬은 읍성을 향했다.

읍성 안에는 고을 수령이 일을 보는 관아가 있었다. 관아에서 일하는 사람들의 집도 옹기종기 모여 있었다. 읍성을 둥글게 에워싼 성벽에는 혹시나 있을지도 모를 외적의 침입에 대비하기 위해 지은 누각들이 있었다.

"이제야 당도했구나."

관아에 도착한 현감은 옷매무새를 가다듬고 바로 객사로 갔다. 관아 안쪽에 자리 잡은 객사는 관아에서 가장 크고 장중한 건물이다. 객사에는 국왕의 궐패(국왕을 상징하는 글자를 새겨 넣은 나무패)가 모셔져 있었다. 현감은 먼저 궐패를 향해 큰절을 올렸다.

"전하, 온 힘을 다해 전하의 덕을 드러내고 어진 정치를 펼치겠습니다. 백성이 편히 살도록 이끌어 전하의 성덕이 빛나도록 하겠습니다."

고을 수령은 처음 부임하거나 떠날 때 객사에 모셔진 국왕의 궐패에 문안 인사부터 올렸다. 이 의식은 수령이 국왕의 위엄을 대신해 고을과 백성을 다스린다는 뜻이었다. 매달 초하루와 보름에도 멀리 국왕이 계신 대궐을 향해 예를 올렸다.

객사 건물의 양쪽에는 작은 방이 하나씩 있었는데, 왕의 명령으로 지방에 내려온 관리나 암행어사가 묵었다. 그들의 임무는 수령이 백성을 위한 정치를 잘하고

수령을 위한 지도
수령은 고을의 형편을 기록한 지도를 그림으로 그리게 한 뒤 자신의 자리 바로 뒷벽에 붙여 두고 살펴보았다. 이 사진은 18세기의 전주부 지도이다.

있는지 살피는 것이었다.

"이방, 우리 고을의 살림살이가 어떠한지 먼저 나에게 알려 주시오."

"오늘은 부임 첫날이니 조금 쉬시는 게……."

"나라의 녹을 받는 관리가 되어 나의 편안함만 찾아서야 되겠소?"

현감은 고을에서 일하는 향리를 모두 불렀다.

"호방, 형방, 공방에서 심부름하는 통인과 사령들까지 모두 동헌(수령이 사무를 보는 곳)으로 모이시오."

난생처음 와 보는 고을에서 수령의 임무를 제대로 수행하려면 향리들과 잘 지내는 것이 중요했다. 수령이야 2~3년, 길어야 5년이면 임기를 마치고 떠나지만, 향리들은 조상 대대로 뿌리를 내리고 살아왔기 때문에 고을 사정을 제 손바닥 들여다보듯 잘 알았다.

고을 수령 노릇을 제대로 하기는 참 어려웠다. 오래전 고려 시대 사람 이규보도 수령의 어려움을 다음과 같은 시로 남겼다.

수령살이 즐겁다고 말하지 마소.
수령살이 오히려 근심뿐이라.
공판정은 소란하기가 시장 바닥 같고
소송장은 산더미같이 쌓여 있네.
가난한 마을에 가서 모진 세금 거두고
감옥에 넘치는 죄수들을 가엾이 보느라고
언제 한번 웃어 보지도 못하는데
어찌 마음 놓고 노닐 수 있으랴.

관아에서 열린 재판

형방과 호장이 내일 열릴 재판을 준비했다. 술에 취한 아들이 아버지를 때린 사건도 있었고, 곡식을 훔쳐 갔다고 싸우는 농민들도 있었다. 남의 선산에 몰래 묘소를 쓴 양반, 노비 하나를 두고 서로 자기 것이라고 다투는 사람들도 있었다.

농사일로 바쁠 때는 재판을 하지 않기 때문에 추수가 끝나면 억울함을 호소하는 고을 사람들로 관아가 소란스러웠다.

호장은 글을 쓸 줄 모르는 사람들의 소송장을 대신 썼다. 소송장을 만드는 데 필요한 종이는 공들여 만든 고급 종이였기 때문에 아주 비쌌다. 그래서 가난한 백성들은 제대로 된 재판을 받기도 쉽지 않았다.

"우리 같은 향리들에게 좋은 시절은 다 갔지……."

향리는 대대손손 이어 가며 일을 했다. 고려 시대에도 향리는 중요했다.

아주 큰 고을에만 수령이 있었던 고려 시대에는 주변 고을까지 쥐락펴락할 수 있는 제법 큰 힘이 있었다. 향리 집안은 고을의 명문이었고, 혼인도 향리 집안끼리만 했다.

그런데 조선이 들어서면서 모든 고을에 수령이 파견되자 향리들은 수령을 돕는 지위로 떨어지고 말았다.

"그래도 우리 같은 향리가 없으면 고을이 제대로 돌아갈 수 없을걸?"

호장이 어깨를 죽 펴며 말했다.

다음 날 아침, 복돌 아범은 일찍 집을 나서 관아로 발걸음을 재촉했다. 얼마 전에 콩 반 가마니를 도둑맞았기 때문이다. 바쁜 농사일 틈틈이 자식처럼 돌보며 기른 콩이었다. 소중한 식량을 잃고 그대로 있을 수 없어 관아에 고했더니, 이웃 동네 칠복이 짓으로 밝혀졌다.

재판이 열리는 동헌까지는 꽤 멀었다. 홍살문을 지나 부지런히 걸으면 다락문이 나오고, 다시 오르막길을 숨차게 달려가야 동헌이 있었다.

무서운 표정의 문지기들을 만날 때마다 덜컥 겁이 났다.

"그래도 사또 나리를 뵙고 재판을 받으려면 이 정도의 시간과 정성은 들여야지."

"복돌 아범~"

사령이 크고 긴 소리로 불렀다.

복돌 아범은 동헌 뜰에 엎드렸다. 칠복이도 엎드렸다. 섬돌에는 무시무시한 사령들이 버티고 서 있었다. 조금 더 높은 곳에 형방 등 향리들이 서 있고, 제일 높은 동헌 마루에 사또께서 계셨다.

'콩을 되찾을 수 있어야 할 텐데……'

복돌 아범은 콩을 돌려받았고, 칠복이는 가느다란 막대기로 매를 맞았다(태형).

하지만 잘못을 저지르고 재판을 받은 죄인 모두가 똑같이 벌을 받는 것은 아니었다. 아랫마을 어떤 양반집 아들은 남의 소를 몰래 훔쳐 팔고도 할아버지가 높은 벼슬을 지낸 덕분에 옥에 갇히지 않았.

그 집 노비가 주인 대신 갇혔다. 재판을 받으러 관아를 드나드는 것도 노비가 대신 했고 벌도 노비가 대신 받았다. 평민 백성과 양반 사이에 다툼이 생기면 누가 뭐래도 양반이 유리했다. 똑같은 죄를 지으면 신분이 낮을수록 더 심한 벌을 받았다.

농민은 나라의 근본

씨 뿌리고, 김매고

봄날 아침 복돌 아범은 새로 농사를 짓게 된 논으로 갔다. 복돌이네는 할아버지 때부터 물려받은 논과 밭이 있지만 그것만으로는 살림이 넉넉하지가 않았다. 그래서 올봄부터 개울 건너 김 진사 댁 논 두 마지기를 빌려서 농사짓기로 했다.

"볍씨 여기 있소. 거름에 잘 버무린 볍씨가 두 지게 가득이니 풍년 농사 한번 지어 보세."

김 진사 댁에서 보낸 볍씨를 지고 온 사람이 지게를 내려놓으며 말했다.
겨우내 얼어붙었던 논을 쟁기질로 갈아엎고, 흙덩이를 부숴 보드랍게

써레질한 논에 볍씨를 골고루 뿌렸다. 땅 주인 김 진사가 씨앗을 대고 복돌이네가 열심히 농사지어 가을에 수확을 하면 반씩 나누게 될 터였다.

올해 열일곱 살이 된 복돌이의 형은 깡마른 체구에 키도 작았지만 벌써 야무진 농부다웠다. 볍씨 바구니를 번쩍 들어 옮기는 팔뚝에는 굵은 힘줄이 섰다. 복돌이는 볍씨 위로 흙을 덮고 살살 눌러 주었다. 볍씨를 거의 다 뿌렸을 때 복돌이가 신이 나서 외쳤다.

"새참이 와요!"

열다섯 살 누나가 커다란 대광주리에 새참을 가지고 왔다. 사람들은 논두렁에 앉아 잠시 쉬며 새참을 먹었다.

봄이 되면 마을 여자들은 누에를 치고 목화씨도 뿌렸다. 누에알을 부화시켜 누에섶(집)을 만들어 주고 매일매일 신선한 뽕잎을 따다가 먹였다. 푹푹 찌는 여름이 지나고 살이 토실하게 오른 누에가 제 몸에서 실을 뽑기 시작했다. 그 실로 다시 제 몸을 돌돌 감아 고치를 짓고 안에서 잠이 들면, 어머니는 고치를 풀어 내어 비단실을 만들었다.

어느덧 여름이 왔다. 먼 산이 짙푸르게 변하고 해가 길어졌다. 벼의 키가 쑥 자라고 집 뒤 작은 텃밭에서는 갖가지 채소가 자랐다. 농부들은 여름 내내 논과 밭에서 풀을 뽑느라 비지땀을 흘렸다. 너무나 빨리 자라는 잡초를 제때 솎아 주지 않으면 가을에 제대로 곡식을 거둘 수 없었다.

복돌이도 형과 아버지를 도왔다. 어머니와 누나는 밥을 짓고, 빨래를 하고 새참을 만들어 내가느라 쉴 새 없이 일을 하면서도 누에를 돌보고 목화밭을 정성껏 가꿨다. 더운 열기를 푹푹 쏟아 내는 목화밭에서 김을 매고 나면 이마에는 팥죽처럼 붉은 땀방울이 맺혔다.

복돌이는 밭머리에 앉아 목화꽃을 바라보았다. 넓적한 이파리가 척척 늘어지고, 한 길만큼 자란 목화 줄기에는 예쁜 꽃이 피었다. 꽃이 진 자리에는 동그란 다래가 열렸다. 초록색 다래가 갈색으로 점점 부풀면 그 안에서 새하얀 솜이 얼굴을 쏙 내밀었다.

가을이 되면 하얀 목화솜을 거둬서 씨앗을 빼고 잘 손질해서 무명실을 자아냈다. 그리고 베틀에서 날실과 씨실을 엮어서 무명천을 짰다. 여자들은 실을 자아내고 옷감을 짜는 길쌈을 할 줄 알아야 시집을 갈 수 있었다. 사람들은 길쌈을 잘하는 누나를 보고 부잣집 맏며느리감이라며 칭찬을 아끼지 않았다. 밤을 새워 짠 무명천으로는 가족들 옷을 지어 입고 나라에 세금도 냈다.

농부들은 집집마다 두엄을 만들었다. 소가 살고 있는 외양간에 볏짚을 깔아 두었다. 얼마 뒤 소가 밟아서 부드러워진 짚과 측간(화장실)

베틀
무명·삼베·명주 등의 천을 짜는 틀로 오늘날의 직조기와 원리가 비슷하다.

에서 가져온 똥과 오줌을 섞어서 헛간 구석에 켜켜로 쌓았다. 그리고 그 위에 잿물을 뿌렸다. 냄새는 지독하지만 이듬해 농사에 요긴하게 쓰일 두엄이었다.

"잘 썩도록 가끔씩 뒤집어 줘야 좋은 두엄이 돼. 내년 봄에 밭을 갈고 씨앗을 뿌릴 때 두엄을 섞어 주면 곡식과 채소가 잘 자랄 거야."

풍년에도 넉넉지 못한 살림살이

가을이 왔다. 황금빛으로 넘실대는 논 위로 가을 햇살이 빛났다. 오늘은 타작하는 날이다. 타작은 기운 센 남자들의 몫이다. 잘 말린 볏단을 마당에 쌓고 멍석을 깔고 도리깨질을 했다. 노랫가락에 맞춰 도리깨가 허공에서 춤을 추다가 볏단을 내리쳤다.

휘리릭, 탁! 투두둑! 휘리릭, 탁! 투두둑!

도리깨질 소리, 후두둑 낟알 떨어지는 소리가 복돌이네 집을 울리고 마을로 퍼져 나갔다.

올해는 풍년이었다. 비도 때맞춰 알맞게 내리고 햇살도 좋았다.

"올해는 세금을 내고도 곡식이 좀 남겠네."

마침 가을걷이를 살피러 나온 사또도 풍년이라고 즐거워 했다. 가을걷이가 끝났으니, 세금도 내고 여기저기 빚도 갚아야 했다. 농부들은 남에게 빌린 논에서 나온 수확의 절반을 주인에게 실어다 주었다. 그리고 자기 땅에서 난 곡식의 일부를 세금으로 바쳤다.

복돌이는 지게에 곡식을 지고 세금을 내러 가는 아버지를 따라나섰다.

"아버지, 얼마나 내야 해요?"

"올해는 풍년이니 작년보다 많이 내야 할 거야."

"흉년이 들면 조금만 내요?"

"그럼, 거칠고 농사가 잘 안 되는 땅에서도 조금만 내지."

"거둔 세금은 어디로 가져가요?"

"일부분은 우리 고을 살림에 쓰고, 나머지는 강가로 옮겨 배에 싣는단다. 곡식을 실은 배는 강을 타고 바다로 나가지. 배들은 해안을 따라 북쪽으로 가서 다시 한강을 거슬러 올라가지. 전국에서 올라온 세금이 한곳에 모인단다. 백성들이 낸 곡식으로 나라 살림을 하지."

"아, 그래서 농사짓는 백성이 나라의 근본이라고 늘 사또께서 말씀하시는 거로군요."

농민들은 곡식뿐 아니라 여러 가지 특산품도 나라에 바쳤다. 좋은 과일 나는 곳에서는 과일을 바쳤고, 바닷가에서는 생선을 바쳤으며, 산골에서는 좋은 약초를 바쳤다. 특산물을 바치는 데는 비용이 많이 들었다. 나쁜 수령과 향리, 상인들이 짜고 많은 비용을 거두기도 했다.

부역과 군역도 백성의 의무

가을이 깊어 가면서 농사짓는 일손은 한가해지고 집집마다 추운 겨울을 견디기 위한 준비에 바빠졌다. 낡은 초가지붕을 걷어 내고 볏짚을 엮어 새 지붕을 올렸다. 겨울에 먹을 반찬거리를 알뜰살뜰 챙겨 두었다. 무엇보다 소금을 잘 간수하는 게 중요했다. 밤에는 방에 모여서 짚을 엮어 여러 가지 물건을 만들었다. 짚신도 삼고, 새끼줄도 꼬았다.

일손이 덜 바쁜 늦가을부터는 각 고을마다 미뤄 두었던 공사를 시작했다. 여름 홍수로 무너진 개울둑이나 저수지를 고치고, 관아의 건물을 더 짓기도 했다. 또한 수레나 말이 다니는 데 불편함이 없도록 길을 닦기도 했고, 산성을 쌓거나 고치는 데 불려 나가기도 했다. 이렇듯 나라에 노동력을 바치는 부역도 백성들에게 주어진 의무였다. 부역에 나선 백성들은 아무런 대가 없이 아침부터 저녁까지 고되게 일을 했다.

16세부터 60세까지의 남자들은 번갈아 군역도 졌다. 나라 법에서 정한 기간 동안 군대에 가서 훈련을 받으며 나라를 지켰다. 고을 근처의 진이나 영에서 군역을 지기도

했지만, 한성으로 가거나 더 멀리 남쪽이나 북쪽 국경으로 가기도 했다.

사람들은 며칠마다 열리는 장에 가서 필요한 물건을 샀다. 장에 가려면 몇 시간씩 걸어야 했다. 복돌이도 아버지를 따라 장에 가는 날을 손꼽아 기다렸다. 가끔씩 보따리며 등짐을 진 행상이 마을에 오긴 하지만, 1년에 몇 번씩은 장에 가서 꼭 필요한 물건들을 사 왔다.

"어서 서둘러 가자. 해 지기 전에 돌아오려면 바쁘단다. 어두워지면 저 앞산에서 호랑이가 나온다는구나."

산이 깊은 고을에는 호랑이가 많았다. 호랑이는 닭이나 돼지 같은 가축도 물어 갔지만, 사람도 자주 해쳤다. 조정에서도 호랑이에게 당하는 피해 때문에 골머리를 앓아, 호랑이 잡는 군대를 따로 둘 정도였다.

장터는 수많은 사람으로 북적거렸다. 말린 생선을 파는 사람, 떡 파는 아낙, 병아리를 파는 사람, 젓갈과 소금을 파는 사람도 있었고, 사기그릇을 흥정하는 이도 있었다. 복돌이는 자기가 들어갈 정도로 큰솥을 보고 눈이 휘둥그레졌다.
　"이 솥은 대장간에서 만든 거야. 이걸 만들려면 아주 특별한 기술이 필요하지. 쇠를 다룰 줄 아는 사람들은 나라에서 필요로 하는 물건을 만든단다. 기와를 굽는 사람, 놋그릇이나 종이를 만드는 사람도 관아에서 필요한 물건을 정한 양만큼 만들어 바친 다음, 남는 것을 이렇게 장에 내다 판단다."

사람 아닌 사람, 노비

내 이름은 둑거비

"둑거비 네 이놈, 어디에 있는 게냐……."

이른 아침부터 주인어른께서 화가 단단히 나셨다.

"예, 여기 있습니다."

열두 살 어린 사내종이 숨이 턱에 닿도록 달려와서는 허리를 연신 숙이며 굽실거렸다. 금방이라도 울음보가 터질 듯 눈물이 그렁그렁했다.

높다란 대청마루에서 주인어른이 섬돌 아래를 내려다보며 목청을 높여 꾸짖었다.

"둑거비 이놈, 내가 오늘 아침 일찍 출타해야 한다고 의관을 준비해 놓으라 하지 않았느냐. 피가 나도록 종아리를 맞아 봐야 정신을 차릴 것이냐!"

"잘못했습니다. 지금 막 의관을 챙겨 가지고 오는 길입니다."

"냉큼 옷을 입히거라."

둑거비는 주인 나리께 옷을 입혀 드린 뒤 말총으로 공들여 짠 갓을 머리에 씌워 드렸다.

"어험! 흠흠……."

둑거비는 쪼르르 잰걸음으로 달려가 방문을 열었다. 가죽신을 신은 주인이 성큼성큼 걸어 대문 앞으로 가자, 도야지가 말 한 필을 끌고 나왔다. 도야지는 둑거비보다 열 살 많은 스물두 살 사내종이다.

"말에게 여물을 넉넉히 먹였느냐?"

반질반질 윤이 나는 말은 아주 건강했다. 주인어른이 애지중지하는 이 말은, 검불처럼 일어난 떠꺼머리에 사시사철 낡은 버선 한 짝 제대로 못 신고, 벌건 정강이를 내놓고 사는 둑거비보다 훨씬 더 나아 보였다.

둑거비가 말 옆에 엎드리자 주인이 등을 밟고 말에 올라탔다. 도야지가 말을 이끌고 길잡이를 하며 대문을 나섰다.

"안녕히 다녀오세요."

둑거비는 한숨을 토해 내며 발걸음을 옮겼다. 이제 아침밥을 먹고 나무하러 가야 한다. 아침에 눈을 뜨면 주인 나리 세숫물 대령하기, 밤새 가득 찬 요강 단지 비우기, 마당 쓸기, 나무하기, 마을 이곳저곳으로 심부름 다니기…… 둑거비는 밤늦게까지 쉴 틈이 없었다. 조금만 잘못해도 쏟아지는 매타작 때문에 둑거비의 두 볼에는 늘 눈물 자국이 남아 있었다.

철구네 호지집

철구 어멈은 나이 지긋한 여종이다. 주인 나리, 안방마님, 큰 도련님, 작은 도련님 등 주인댁 가족들의 옷을 짓고 세탁하고 다리고 준비하는 일이 모두 철구 어멈 몫이었다. 어멈은 날마다 밤늦게까지 촛불 아래서 바느질을 했다. 어멈네 호지집(노비가 거주하던 집)에서는 밤이면 밤마다 따닥따닥, 따닥따닥 경쾌하고 맑은 다듬이질 소리가 흘러나왔다.

좋은 천으로 지은 옷은 빨래를 할 때마다 뜯어서 손질하고, 일일이 다시 바느질을 해야 했기 때문에 어멈은 잠시도 쉴 틈이 없었다. 어멈의 손끝에서는 보드라운 비단 치마, 풀 먹인 모시 적삼, 사각사각한 명주 도포, 따뜻하게 솜을 넣어 누빈 바지저고리가 요술처럼 만들어져 나왔다.

어멈의 아들 철구는 지난 봄, 한양 큰 도련님 댁으로 갔다. 큰 도련님이 과거에 합격하자 주인어른이 노비 여러 명을 올려 보냈는데, 그 틈에 철구가 있었다.

온 동네 사람들이 도련님을 칭송하고 부러워했다. 그 뒤로 이 마을에서 주인 나리의 위엄은 더욱 높아졌다. 하지만 열 살 난 아들 철구를 떠나보내는 어멈은 눈물을 삼켰다. 노비도 사람이건만, 물건이나 다를 바 없었다.

주인들은 자기 재산인 노비를 남에게 선물로 주기도 하고, 서로 바꾸기도 했다. 시장에 내다 팔 수도 있었고, 자식에게 물려줄 수도 있었다. 죄를 지은 노비를 주인이 죽여도 아무런 문제가 되지 않았지만, 노비들이 주인에게 억울한 일을 당했다고 관아에 고했다가는 그 길로 목숨이 달아나는 것이 조선의 법이었다.

짙푸른 기와가 날렵하게 올라간 주인댁 근처에는 종들이 살고 있는 호지집이 게딱지처럼 옹기종기 엎드려 있었다. 주인이 부르면 언제든지 달려가야 했기 때문에 주인댁 방향으로 문을 만들었다.

"어멈, 저 둑거비예요."

둑거비가 문을 열고 얼굴을 디밀었다. 옷에 풀을 먹이느라 시큼한 냄새도 나는 것 같았지만, 둑거비는 엄마를 떠올리게 하는 그 냄새가 좋았다.

"둑거비 왔구나. 아침밥은 먹었니?"

"보리밥 한 덩이 챙겨 먹었어요. 오늘은 운이 좋았어요. 주인어른께서 남기신 국그릇이 내 차지가 되었다니까요. 어멈이 옷을 안 만들면, 주인 나리도 입을 게 없겠지요! 저도 나무하러 다녀올게요."

둑거비는 허리춤에 삼베로 싸 묶은, 아기 주먹만 한 보리밥 덩어리를 소중하게 매만지며 달려 나갔다. 거무튀튀하고 뚝뚝하게 식어 빠진 보리밥이 나무하다 허기진 둑거비의 배를 채울 만큼 넉넉하기라도 하면 좋으련만······.

도야지와 자근년이

원래 둑거비는 가난한 농부의 아들이었다. 둑거비는 가난한 살림살이에도 누나, 형, 어머니, 아버지와 함께 행복하게 살고 있었다. 봄이 되면 누나는 산으로 들로 다니면서 먹을 수 있는 나물을 캐 모았다. 먹을거리가 턱없이 부족했기 때문이다. 어린 소나무 껍질을 벗겨 삶아 먹기도 했다.

누나가 캐 모은 쑥에 곡식 가루를 뿌리는 시늉만 내어 만든 쑥버무리가 참 맛있었다.

3년 전 흉년이 들면서 둑거비네는 풍비박산이 났다. 남의 땅을 빌려 농사를 짓는 형편에 땅 주인에게 줄 곡식마저 부족해지자 아버지는 누나를 노비로 보냈다. 설상가상으로 전염병도 돌았다. 어머니가 병에 걸려 죽자 아버지는 어린 둑거비도 노비로 보냈다. 부잣집 노비가 되면 굶어 죽지는 않을 것이라고 했다.

어름어름하는 사이에 빌린 곡식이나 돈의 이자가 눈덩이처럼 불어나 도저히 갚지 못할 지경이 되어서는 결국 제 몸을 내놓아야 하는 농민이 헤아릴 수 없이 많았다.

둑거비가 나무를 해 가지고 돌아올 무렵, 도야지도 돌아왔다. 그런데 어찌 된 일인지 풀이 죽어 있었다. 요즘 도야지는 이웃 양반댁 여종인 자근년이를 마음에 두고 있었다. 자근년이와 혼인을 하고 싶다고 주인어른께 말씀을 드렸다가 혼쭐이 난 모양이다.

"종놈 주제에 감히 남의 집 종년과 혼인이라니, 말도 안 된다!"

주인어른은 도야지의 간청을 귓등으로도 듣지 않았다.

"남 좋은 일 시킬 일이 있나? 우리 집 여종을 두고 왜 하필 남의 집 여종이야?"

서로 주인이 다른 남자 종과 여자 종이 혼인해 아이를 낳으면, 그 아이는 여자 종 주인이 차지했다. 그러니 언감생심 주인어른이 허락할 리가 없었다. 이 집 여종과 도야지가 결혼을 한다면 말릴 생각이 없었다. 그렇게 되면 태어나는 아이는 주인어른의 노비가 되기 때문이다.

그날부터 도야지는 일을 열심히 하지 않았다. 도야지는 주인 나리의 감시가 조금만 소홀해도 건성건성 일을 했다. 점심 잘 먹고 늘어지게 한잠 자는 것은 기본이었다.

"조선 8도 백성 중 열에 서넛은 우리 같은 종들이야. 노비들이 없으면 양반님네가 어떻게 살아갈 수 있겠어? 농사도 노비, 청소도 노비, 똥 치우는 일도 노비가 해야 하잖아. 열심히 한다고 상 주는 것도 아닌데, 몸 상하면서까지 일할 필요는 없지."

죄를 지은 작은 도련님 대신 잡혀가 옥에 갇히고, 살이 터지도록 매를 맞았으면서도 너털웃음을 짓던 도야지가 영 딴사람이 되었다.

어느 날 주인어른이 도야지를 먼 친척 집으로 심부름 보냈다. 이쪽에서 보내는 선물을 전하고 그쪽에서 보내는 먹을거리를 받아 오는 일이었다. 그런데 도야지가 가져온 물건들과 친척집에서 적어 보낸 물건 목록이 차이가 났다.

주인어른이 도야지를 불러 세웠다.

"이놈아, 왜 물건들이 비는 것이냐?"

도야지는 천연덕스럽게 대답했다.

"그러게요. 오던 길에 고갯길에서 도적을 만났지 뭡니까요. 그래서 소인이 꽁지가 빠지게 달아나느라 잃어버린 줄도 몰랐습니다."

주인은 도야지가 거짓말을 하고 있다는 것을 빤히 알고 있었다. 하지만 확실하게 눈으로 본 것도 아니니 몰아세우기도 어려웠다.

'저 못된 녀석이 오는 길에 쌀밥을 푸지게 짓고 준치(생선의 이름)를 구워 먹은 게 틀림없어. 꿀은 장에 팔아 돈을 챙겼겠지. 내가 직접 본 게 아니니

노비안
조선 시대 노비의 호적이다. 《경국대전》에서는 3년에 한 번씩 공노비의 사망·이동·출생 등을 조사하도록 했다.

어쩌지도 못하겠고…….'

도야지 덕분에 부엌일하는 분이와 어린 둑거비만 혼쭐이 났다. 분이는 밥 지을 때 쥐똥을 제대로 골라내지 않았다고 마님께 종아리를 맞았고, 둑거비는 청소를 안 했다고 신발짝으로 등짝을 맞았다.

그러던 어느 날 아침, 온 집안이 발칵 뒤집혔다. 지난 밤에 도야지가 자근년이와 함께 도망을 친 것이다. 사람들을 풀어서 찾는다고 온 마을이 시끄러웠고, 관아의 포졸들이 작은 산길까지 막고 샅샅이 뒤졌지만 끝내 두 사람을 찾지 못했다.

'도야지 형, 제발 잡히지 마. 멀리멀리 도망가라.'

두꺼비는 마음속으로 빌고 또 빌었다. 먼 곳으로 도망치는 데 성공한 노비들은 신분을 속이고 농민으로 살기도 했다.

그날부터 부엌일하는 분이도 일을 하지 않았다. 분이는 남몰래 도야지를 좋아하고 있었다. 마음속으로 좋아하던 도야지가 사라지자 며칠째 밥도 굶고 방에서 울기만 했다.

관아의 노비들

한 여자아이가 두레박을 우물 속에서 천천히 끌어올려 찰랑찰랑한 물을 물동이로 옮겨 담았다. 자기 머리보다 족히 예닐곱 배는 커 보이는 물동이를 가뿐하게 머리에 이고 관노청 뒤편으로 사라졌다.

이 아이는 관아의 노비로 하루 종일 물을 긷고 빨래하고, 관아에서 일하는 사람들 뒤치다꺼리를 하는 등 허드렛일을 맡아 했다. 사시사철 후줄근한 삼베 치마를 걸치고, 겨울이면 물에 젖은 손이 빨갛게 얼어 터지는 아이는 열다섯 나이에 어울리지 않게 고생에 찌든 모습이었다.

고을 관아에는 차 끓이는 다모, 술 빚는 주모, 밥상 차리는 식모, 바느질하는 침모, 기생, 관아에 온 귀하신 손님 곁에서 심부름 다니는 방자, 아침마다 바구니를 끼고 찬거리를 사오는 반빗아치 등 셀 수 없이 많은 관노비가 있었다.

관아에는 하루에도 수백 명이 들락거렸으니, 노비들이 묵묵히 궂은일을 하지 않으면 제대로 일이 돌아가지 않았다.

만약에

민본 정치를 펼친 세종

어느 날 우상이는 세종 대왕 이야기를 재미있게 읽고 있었다. 책에는 "세종 대왕은 백성을 사랑하는 민본 정치를 펼쳤다."라고 쓰여 있었다. 우상이는 '민본 정치가 무슨 뜻이지? 오늘날의 민주 정치하고 비슷한가?'라는 의문을 품었다. 한참을 생각하다가 스르르 잠에 빠져들었다. '앗! 여기가 어디지?' 잠에서 깨어난 우상이는 깜짝 놀랐다. 자기가 짙은 쪽빛의 관복을 입고 집현전에 앉아 있는 게 아닌가?

 우상 안녕하세요? 세종 대왕님. 저는 21세기 대한민국에서 왔습니다.

 세종 짐에게 궁금한 게 많다고 들었소. 그래, 궁금한 것이 무엇이오?

 우상 임금님께서 펼치셨다는 민본 정치에 대해서 알고 싶습니다.

 세종 허허, 민본이란 말 그대로 나라의 근본이 백성이라는 뜻이오. 백성을 가장 먼저 생각하는 정치를 말한다오.

 우상 훈민정음을 만드시고, 공평한 세금 제도를 만드신 것도 민본 정치를 위한 일인가요?

 세종 당연히 그렇소. 백성들이 글자를 읽을 수 있어야 억울한 일을 덜 당할 것이 아니겠소? 세금을 공평하게 걷어야 백성이 안심하고 살 수 있을 테고.

우상 그렇다면 임금님께서는 모든 백성이 직접 정치에 참여하는 제도를 만드실 생각은 없으셨나요? 예를 들어, 국회 의원을 뽑는다거나…….

 세종 국회 의원? 그게 무엇이오?

 우상 모든 사람이 투표를 해서 자신들의 생각을 정치에 담아낼 사람인 국회 의원을 뽑고, 그 사람들을 중심으로 정치를 하는 거예요.

 세종 글쎄, 한 번도 생각해 본 적이 없다오. 백성들이란 어린아이들처럼 약하고 어리석어서 왕이 잘 가르치고 이끌어야지, 그런 백성들에게 나랏일을 할 사람을 뽑으라고 하다니…….

 우상 백성들이 약하고 어리석다고요?

 세종 그렇소. 모든 사람이 다 똑같은 것은 아니라오. 왕은 왕의 본분, 선비는 선비의 본분, 농부는 농부의 본분을 가지고 있다오. 정치를 하는 것은 보통 백성들의 본분은 아니라오.

 우상 제가 사는 곳에서는 모든 백성, 사람들이 5년마다 대통령을 뽑아서 나라의 일을 책임지고 하도록 한답니다.

 세종 오호, 이곳과는 많이 다른가 보군.

 우상 예, 다음번에 임금님께서 제가 살고 있는 곳에 오시면 잘 안내해서 알려 드릴게요.

 세종 고맙소. 다음에는 내가 조우상 학사를 만나러 21세기로 가지요.

우상이는 눈을 번쩍 떴다. '이게 꿈일까 생시일까? 세종 대왕님이 21세기에 어떻게 오시지?' 우상이는 빙긋이 웃었다. 그러고 다시 책장을 넘기기 시작했다.

연표

우리나라		다른 나라
1392년	정몽주, 선죽교에서 죽다. 고려가 망하고 조선이 들어서다.	1392년 일본, 남조와 북조가 하나로 합쳐지다.
1394년	한양으로 도읍을 옮기다.	
1395년	경복궁이 완성되다.	1401년 일본과 명나라가 국교를 맺다.
1398년	1차 왕자의 난이 일어나다.	
1400년	2차 왕자의 난이 일어나다.	
1401년	태종이 왕위에 오르고, 신문고를 처음 설치하다.	
1402년	〈혼일강리역대국도지도〉를 완성하다.	
1403년	금속 활자로 계미자를 만들다.	
1413년	8도에 지방 행정 조직을 완성하고, 전국에 호패법을 실시하다.	
1418년	충녕 대군이 왕위에 오르다.	1404년 일본, 명나라와 감합 무역을 시작하다.
1419년	쓰시마를 정벌하다.	
1420년	집현전을 설치하다.	
1423년	《고려사》를 편찬하다.	1405~1433년 명나라의 정화가 함대를 이끌고 동남아시아에서 서남아시아까지 항해하다(남해 원정).
		1420년 일본에 다도와 꽃꽂이가 유행하기 시작하다.

1429년	《농사직설》을 간행하다.
1431년	《삼강행실도》를 처음 편찬하다.
1433년	혼천의를 만들고 4군을 설치하다.
1434년	자격루를 제작하고 갑인자를 만들다. 이때부터 10년 동안 6진을 설치하다.

1429년
프랑스의 잔 다르크, 오를레앙에서 영국군을 격파하다(백년 전쟁).

1439년
일본에서 아시카가 학교가 정비되고, 가장 번성한 학교가 되다.

1449년
명나라 황제 영종이 오이라트군의 포로가 되다(토목의 변).

1453년
비잔틴 제국, 투르크에게 멸망하다.

1441년	측우기를 완성하다.
1442년	역법서 《칠정산 내편》을 완성하다.
1443년	훈민정음을 창제하다. 일본과 계해 약조를 맺다.

1447년	안견, 〈몽유도원도〉를 그리다.
	수양 대군이 《석보상절》을 책임지고 편찬하다.
1450년	문종이 왕위에 오르다.
1452년	단종이 왕위에 오르다.
1453년	계유정난으로 수양 대군이 권력을 잡다.
1455년	수양 대군이 왕위에 오르다.
1456년	사육신, 죽임을 당하다.
1460년	《경국대전》의 〈호전〉이 완성되다.
1467년	이시애의 난이 일어나다.
1469년	성종, 왕위에 오르다.
1479년	중전 윤씨가 폐비되어 쫓겨나다.

1456~1457년
일본의 에도 성이 만들어지다.
1467년
일본에서 오닌의 난이 일어나고, 각 지역의 무사 세력이 강해지기 시작하다.
1492년
콜럼버스, 서인도 제도에 도착하다.

1481년	《삼강행실도》를 한글로 번역하다.
1485년	《경국대전》을 완성하다.

사진 자료 제공

간송미술관
훈민정음(69쪽)

고려대학교 박물관
〈야연사준도〉(58쪽)

국립민속박물관
《삼강행실도》 중 선죽교(14쪽), 호패(37쪽),
《삼강행실도》(71쪽), 어사화(117쪽), 떡잠(121쪽)

국립중앙박물관
《사씨남정기》(73쪽), 한글이 새겨진 백자 자기(73쪽),
현종의 편지(73쪽), 백패와 홍패(117쪽)

궁중유물전시관
자격루(62쪽), 앙부일구(63쪽)

권태균
세형 동검(38쪽), 백제 금동 대향로(85쪽),
칠지도(91쪽), 서산 마애 삼존 불상(116쪽),
〈양직공도〉 속 백제 사신(126쪽)

국립중앙박물관
흥인문(74쪽), 숭례문(75쪽), 숭례문 현판(75쪽),
성균관(114쪽)

문화재청
《삼봉집》(29쪽)

북앤포토
황희(55쪽)

서울대학교 규장각 한국학연구원
〈도성도〉(23쪽), 《농사직설》(65쪽),
〈용비어천가〉(73쪽), 《경국대전》(95쪽),
《칠정산》(122쪽), 수령을 위한 지도(128쪽)

서울역사박물관
도량형 기구(109쪽)

세종대왕기념사업회
세종의 어진(43쪽)

세종대왕유적관리소
간의(123쪽)

영남대학교 박물관
종묘 제례(46쪽)

일본 류코쿠대학 도서관
〈혼일강리역대국도지도〉(41쪽)

《조선 유적 유물 도감》
수창궁 용머리 조각상(19쪽), 숭인전(19쪽)

- 저작권자를 찾지 못해 게재 허락을 받지 못한 일부 사진에 대해서는 저작권자가 확인되는 대로 허락을 받고 사용료를 지불하도록 하겠습니다.

찾아보기

ㄱ
간의 • 6, 123
갑인자 • 63, 64
강효문 • 97
강희안 • 54
《경국대전》• 101, 108
경복궁 • 25, 103
경연 • 52
공신 • 91, 99
공양왕 • 12, 16, 18
곽수경 • 61
관상감 • 119
관찰사 • 25, 64, 110
군역 • 137
권람 • 99
권제 • 70
근정전 • 25
금부도사 • 90
금성 대군 • 89, 90
《금오신화》• 88
기우제 • 48, 49
길재 • 102
김굉필 • 102
김시습 • 88, 102
김일손 • 102, 117
김종서 • 57, 78, 80, 96

김종직 • 102

ㄴ
남대문 • 74
남은 • 13, 16, 30
남이 • 97, 99
노산군 • 89, 90
《농사직설》• 65

ㄷ
단군 • 19
단종 • 79, 85, 90, 101
돈의문 • 74, 75
《동국여지승람》• 101
동대문 • 74
《동문선》• 102

ㅁ
맹사성 • 54, 56
목화 • 133, 134
무학 대사 • 20
문종 • 55, 85, 92, 101

ㅂ
박연 • 56
박팽년 • 54, 78, 84

배극렴 • 16
벽란도 • 13
변계량 • 52, 116
별시 • 119
부제학 • 68

ㅅ
사간원 • 39
사육신 • 87, 88
사직단 • 24, 48
사헌부 • 39, 51, 94
《삼강행실도》• 71, 72
상소 • 39, 110, 113
서거정 • 101, 102
서운감 • 63
《석보상절》• 72
선죽교 • 14, 16
설초 • 66
성균관 • 84, 113, 116
성삼문 • 54, 78, 84, 116
성종 • 96, 100, 116, 121
세조 • 55, 85, 90, 101
세종 • 44, 52, 60, 85, 150
수렴청정 • 101
수시력 • 123
수양 대군 • 79, 94, 100

숙정문·75
숭례문·74, 104
승정원·110
시전·106, 107
식년시·119
신문고·38, 40
신숙주·54, 80, 91, 116
쓰시마 섬·49, 52, 56

ⓞ
안지·70
안평 대군·81, 90
암행어사·127
압구정·91
앙부일구·63
양녕 대군·42, 55
언문·72
역법·122
예종·96, 99, 101
옥새·16, 32, 82
〈용비어천가〉·70
우왕·12
유응부·86, 88
유자광·98, 99
육전 상정소·95
6진·58, 59

의금부·38, 40
이개·86, 88
이규보·128
이극돈·119
이성계·12, 28, 32, 56
이종무·50, 51
인수 대비·120

ⓒ
자격루·62
장영실·61, 64, 122
전의감·119
정도전·13, 21, 30, 32
정몽주·13, 14, 16
정인지·54, 70, 91
정조·122
정종·33
정창손·85
정초·60, 61
조사의·34, 35
조영규·15
종묘·24, 44, 48
증광시·119
직전·107
진관 체제·94
집현전·52, 67, 86, 101

ⓒ
창왕·12
최만리·68, 70
최윤덕·57
최항·54
충녕 대군·42, 43
측우기·62, 64
《칠정산》·122, 123

ⓔ
태조·21, 32, 34
태종·34, 36, 42, 61
통신사·52
통인·128
퉁두란·20

ⓗ
하위지·86, 88
한명회·79, 90, 100, 119
해시계·62, 63
호패·37, 109
〈혼일강리역대국도지도〉·40
황희·54, 56
훈구·91, 92, 101, 102
훈민정음·70, 94, 150
홍인문·74, 75

157

제대로 한국사 5 새 나라 조선을 세우다

1판 1쇄 발행일 2008년 12월 20일
개정판 1쇄 발행일 2015년 10월 26일
개정2판 3쇄 발행일 2022년 4월 29일

지은이 전국역사교사모임

발행인 김학원
발행처 휴먼어린이
출판등록 제313-2006-000161호(2006년 7월 31일)
주소 (03991) 서울시 마포구 동교로23길 76(연남동)
전화 02-335-4422 팩스 02-334-3427
저자·독자 서비스 humanist@humanistbooks.com
홈페이지 www.humanistbooks.com
유튜브 youtube.com/user/humanistma 포스트 post.naver.com/hmcv
페이스북 facebook.com/hmcv2001 인스타그램 @human_kids

편집 박민영 디자인 유주현 고문화 AGI 일러스트 김원희 인강
용지 화인페이퍼 인쇄 삼조인쇄 제본 광현

ⓒ 전국역사교사모임, 2008
ISBN 978-89-6591-410-5 74910
ISBN 978-89-6591-405-1 74910 (세트)

- 이 책은 《행복한 한국사 초등학교 5》의 개정판입니다.
- 이 책은 저작권법에 따라 보호받는 저작물이므로 무단 전재와 무단 복제를 금합니다.
- 이 책의 전부 또는 일부를 이용하려면 반드시 저작권자와 휴먼어린이 출판사의 동의를 받아야 합니다.

사용 연령 8세 이상 종이에 베이거나 긁히지 않도록 조심하세요. 책 모서리가 날카로우니 던지거나 떨어뜨리지 마세요.

선생님들이 가장 많이 추천한 이보다 좋을 수 없는 최고의 한국사!

이렇게 재미있는 역사책이 있었던가? 꼭 있어야 할, 그리고 꼭 있었으면 하는 내용과 자료가 들어 있는 구성 덕분에 부모와 교사도 아이와 함께 읽으면 좋다. 흥미진진하고 역사 고증에도 충실한, 말 그대로 이보다 좋을 수 없는 한국사 교양서이다.
― **김성전** 서울수리초등학교 교사

《제대로 한국사》는 재미있고 풍성하다. 무엇보다 생동감이 있어서 마치 영화를 보고 있는 듯한 착각에 빠져든다. 인물, 사건, 제도가 아니라 조상들의 지혜, 용기, 희망 등을 전하고자 하는 역사 선생님들의 노력이 느껴진다. 역사를 왜 공부해야 하는지, 역사가 미래에 어떤 도움이 될지 잘 알려 주는 책이다.
― **이강무** 서울인창중학교 교사

5학년 사회 수업 보조 교재로 꼭 안성맞춤인 역사책이다. 한국사를 이해하는 데 꼭 필요한 내용만 엄선해 쉽게 썼다. 교과서의 흐름에 맞춘 탄탄한 내용 구성은 아이들이 역사를 이해하는 데 도움을 주고, 여러 인물의 이야기는 아이들이 역사에 더 가깝게 다가가도록 돕는다.
― **김형도** 광주새별초등학교 교사

"역사를 잊은 민족에게 내일은 없다." 아이들에게 역사를 제대로 가르쳐야 하는 까닭도 바로 여기에 있다고 생각한다. 교과서만으로는 우리 역사를 깊이 알기 어렵다. '제대로 된' 역사책으로 우리 아이들에게 역사를 알아 가는 기쁨을 주고 싶다.
― **진현** 화성제암초등학교 교사

《제대로 한국사》는 오랫동안 학생들을 가르쳐 온 역사 선생님들이 아이들의 눈높이에 맞춰 흥미로운 이야기로 역사를 들려준다. 아이들이 역사 속으로 푹 빠져 재미있게 읽으면서 동시에 역사 공부도 할 수 있는 멋진 책이다.
― **최운** 남양주판곡초등학교 교사

흥미진진한 자기 주도 역사책. 사료에 기반한 역사적 사실들이 생동감 있게 아이들의 눈앞에 펼쳐진다. 교과서의 어려운 용어와 개념보다 생생한 과거 '사람들의 이야기'가 되살아난다. 아이들이 고개를 끄덕이며 쉽게 읽을 수 있는 진정한 드라마이다.
- **맹수용** 의정부중학교 교사

어려운 역사적 용어와 개념을 딱딱한 단어들 앞에 묶어 두지 않고 백성들의 소리로 전달했다. 아이들이 술술 읽으면서 옛사람들이 살았던 시대와 삶을 생생하게 경험해 볼 수 있는 책이다. 이 책에는 아이들이 가진 역사에 대한 거부감의 원인이 무엇인지 알고, 그것을 해결하려 고민한 흔적이 여실히 드러나 있다.
- **나해린** 양주고등학교 교사

교과서 속 인물들이 책에서 빠져나와 살아 움직이며 활기 넘치는 모습으로 이야기를 전해 준다. 역사가 재미없는 과거 사실의 나열이 아니라, 나와 같은 사람들이 울고 웃으며 생활했던 모습이 담겨 있는 옛날이야기라는 것을 보여준다.
- **손언희** 김해삼성초등학교 교사

굵직한 역사적 사건들을 작은 역사적 사실과 연결해 역사를 쉽게 만나게 한다. 역사책은 딱딱하다는 고정 관념을 버릴 수 있게 한 구성이 마음에 든다. 역사를 처음 만나는 아이들에게는 눈높이 역사 교과서이고, 학부모에게는 흥미진진한 역사 교양 안내서이다.
- **김동국** 부산정관초등학교 교사

내 친구들의 이야기, 내 이웃의 이야기를 읽는 것 같아 친근하다. 그러면서도 주변 사람과의 관계를 생각하게 하고, 사회와 나의 관계, 더 나아가 세계 속의 나를 생각해 볼 수 있게 하는 책이다. 한 편의 이야기를 읽듯 쉽고 재미있다.
- **배병록** 서천초등학교 교사